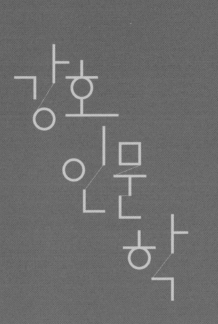

강호인문학

1판 1쇄 찍은날 | 2015년 10월 23일
1판 2쇄 펴낸날 | 2015년 11월 20일

지은이 | 이지형
펴낸이 | 정종호
펴낸곳 | (주)청어람미디어

편집 | 홍선영
디자인 | 정은경
마케팅 | 김상기
제작·관리 | 정수진
인쇄·제본 | 서정바인텍

등록 | 1998년 12월 8일 제22-1469호
주소 | 121-914 서울시 마포구 상암동 DMC이안상암 1단지 402호
이메일 | chungaram@naver.com
블로그 | chungarammedia.com
전화 | 02)3143-4006~8
팩스 | 02)3143-4003

ISBN | 979-11-5871-007-1 03180

잘못된 책은 구입하신 서점에서 바꾸어 드립니다. 값은 뒤표지에 있습니다.

이 도서의 국립중앙도서관 출판시도서목록(CIP)은 서지정보유통지원시스템 홈페이지(http://seoji.nl.go.kr)와 국가자료공동목록시스템(http://www.nl.go.kr/kolisnet)에서 이용하실 수 있습니다.(CIP제어번호: CIP2015027900)

삶의 의미를 되찾아주는 사주, 풍수, 주역 강의

강호인문학

이지형 지음

청어람미디어

차례

강호의 인문학,
위로의 인문학

　무협지에 등장하는 강호(江湖)는 흥미로운 곳입니다. 엄청난 내공의 고수들이 강력한 기(氣)를 내뿜으며 지냅니다. 싸움도 하고, 사랑도 하고, 복수도 하고, 이별도 합니다. 세속과는 격리된 공간에서 보통 사람이 상상하기 어려운 일들을 벌입니다. 하지만 그들도 사람이니만큼 듣도 보도 못한, 기이한 일들만 일삼는 것은 아닙니다. 다만 벌이는 일의 규모와 강도는 범인(凡人)의 상상을 뛰어넘습니다.

　그러나 강호는 강호이고, 속세는 속세입니다. 서로 영향을 주지는 않습니다. 강호의 일 따로, 속세의 일 따로 있습니다. 그런데 무협을 보면 아주 가끔, 강호의 고수들이 속세로 튀어나옵니다. 속세에 큰 문제가 생겼을 때입니다. 혼란이 극에 달해 평범한 인간들의 내공으로는 속세의 일이 해결되지 않을 때, 강호의 고수들이 하나둘 출현합니다. 아주 가끔씩이지만 말입니다.

　그렇게 나온 고수들은 몇 명만으로도 특급 소방수 역할을 해냅니다. 그런데 그렇게 소방수 역할을 할 수 있는 것은 그들의 내공 때문이기도 하지만, 다른 이유가 있습니다. 강호의 사람들은 오랫동안 세속과 격리된 채 존재해왔기에 세속과는 전혀 딴판인 원리, 문화, 분위기를 갖고 있습니다. 그런 차별성 자체가 그들의 내공이고 무기입니다. 세속의 사람들이 처한 위기에 대해 세속의 사람들과는 전혀 다른 접근을 취하기 때문에 해결사가 될 수 있습니다.

———————

10여 년 전부터인가 봅니다. 인문학의 위기라는 말이 종종 들리기 시작했습니다. 아마도 사람살이의 각박함과 관련 있을 것입니다. 인문이라는 게 실은 사람과 관계된 모든 것을 말하니까요. 자연현상이 아니면 모두 인문입니다. 사는 게 각박해져 가면, 인문학도 위기에 빠질 수밖에 없습니다.

그런데 위기의 타개책은 여전히 나오고 있지 않습니다. 대중과의 소통에 문제가 있었다면서 일군의 학자들이 강단 밖으로 나와 자력갱생을 시도하기도 했습니다. 생물학이나 뇌 과학 등 비(非) 인문학의 긴급 수혈로 지평을 넓히려는 시도도 있었습니다. 그러나 인문학은 아직도 천덕꾸러기 신세입니다.

혹시 절박함이 부족하기 때문은 아닐까요? 사람살이에 대한 사유의 종합이 인문학이라면 계속 어려워지고 있는 사람살이에 귀를 기울여야 할 텐데, 우리의 인문학은 여전히 '학(學)'의 테두리를 넘어서지 못하고 있는 듯합니다. 삶의 현장에선 갖가지 비명이 들리는데, 인문학은 캠퍼스 안에서 안주를 꾀합니다. '위기'라는 하소연은 그러니까 어쩌면 엄살에 불과한지도 모릅니다.

그런데 사람들의 비명과 신음의 공간에서, 캠퍼스와는 전혀 동떨어진 곳에서 독자적인 사유와 위로의 체계를 구축해온 영역이 있습니다. 두서없이 강호에 관한 얘기를 꺼낸 것도 바로 그 때문입니다.

무협의 강호처럼, 주류의 학문에서는 멀리 떨어져 자신들만의 내공을 쌓아온 그런 영역입니다. 책과 강의실에 파묻힌 인문학과는 격리된 채, 사람이 살아가는 일에 대해 궁구하던 이들이 활동해온 공간입니다. 그들의 무기는 심리학, 사회학, 경제학 같은 인문학이 아닙니다. 그들이 발붙이고 있는 곳은, 그러니까 학문 세계의 강호는 주로 거리의 후미진 뒷골목이나 시장통 또는 외떨어진 산속입니다. 그리고 그들이 오랜 수련으로 내공을 쌓아 올린 분야가 바로 사주(四柱)와 풍수(風水)와 주역(周易)입니다.

영웅호걸로부터 한량까지 수많은 이의 운명(運命)을 포착해온 **사주**
땅과 물의 기운으로부터 인간의 복(福)을 불러오려던 **풍수**
불확실한 세계를 점(占)과 마음공부로 정면 돌파하려 했던 **주역**

그러나 사주·풍수·주역 모두 정통 인문학의 입장에서 보면 잡술(雜

術)에 사술(邪術)에 미신(迷信)일 뿐입니다. 그러나 그 잡술에 사술에 미신들이 다루고 있는 사연들을 잠시 떠올려보십시오. 그 속에는 다양한 사람들의 온갖 사연이 똬리를 틀고 있습니다. 삶과 죽음, 낙담과 희망의 사연을 넘어 삶의 방식, 인간 세상의 원리까지 포괄합니다.

서구의 인문학과는 전혀 다른 방식이지만, 인간의 문제를 빼놓지 않고 다루고 있습니다. 인문을 '인간과 그들의 삶, 그리고 세상의 문제'로 폭넓게 정의할 때, 사주·풍수·주역만큼 인문에 가깝게 다가가 있는 것들은 없습니다. 교과서에서, 대학 강단에서 인문학이라고 불러줘야 인문학은 아닙니다. 인문학은 학계뿐 아니라 길거리에도 있습니다. 강단의 인문학이 있다면 강호의 인문학도 있습니다.

━━━━━━

그런데 "왜 하필이면 사주와 주역, 풍수만인가?" 하고 물으실 수 있습니다. 그런 맥락의 '강호 인문'이라면 한의학도 있고, 관상도 있을 수 있습니다. 분야를 쪼개자면 토정비결도 있고, 무속신앙도 있을 수 있는데 왜 굳이 사주와 풍수, 그리고 주역일까요?

살면서 누구나 위기에 빠집니다. 저도 세상 사람 중 한 명이니만큼 살다가 위기에 빠진 적이 많습니다. 실업의 대낮을 황망하게 횡보해보기도 했고, 중독 수준으로 술에 빠져본 적도 있습니다. 그럴 때 가장 필요한 것은 물론 구직과 치유입니다.

그러나 그것으로도 해결할 수 없는 일들이 있습니다. 삶의 밑바닥을 거닐어본 사람이라면 누구나 생각하게 되는 두 가지가 있습니다. 바로 '운명'과 '변화'입니다.

나를 지금 이곳까지 인도한 운명이 과연 존재할까?
존재한다면 그 운명은 변하는 것일까, 이미 정해져버린 것일까?

곤궁한 시절의 사람들을 사로잡는 가장 강력한 질문들입니다.
저도 그런 질문들을 던질 때가 있었는데, 그런 질문들에 대해 대답해준 것이 바로 사주와 풍수와 주역이었습니다. 본 강의를 통해 구체적으로 설명하겠지만, 사주는 태어난 시간을 기준으로 운명의 흐름을 파악하려는 시도입니다. 풍수는 그 사람이 살고 있는 공간이 운명에 어떤 영향을 주는지 알아보려는 시도입니다. 그렇게 시·공간으로 펼쳐지는 운명의 변화는 왜, 언제까지, 어떤 모양새로 펼쳐지는가, 그 변화의 원리를 따지는 것이 주역입니다. 그렇게 사주·풍수·주역이면 운명과 변화의 모양새를 얼추 짐작할 수 있는 것입니다. '동양철학'의 여러 분과 중에서 사주·풍수·주역 세 가지를 택한 것은 바로 그런 이유입니다.

공교롭게도 사주와 풍수와 주역은 가뜩이나 서구 위주의 근대화로 인해 갖은 무시와 박해를 당해왔습니다. 100~200년에 걸쳐 밀리고 밀리는 게 그들의 일이었습니다. 그러나 그렇게 밀리고 밀린 후에 그들은 자신들만의 강호를 구축했습니다. 이 세상을 살아가는 사람들과 내밀한 호흡을 하며 자신들의 내공을 심화시켰습니다.

그렇게 만들어진 강호의 인문학을 잠시 호출할 생각입니다. 사주와 풍수와 주역 따위의 잡술을 그들만의 뒷골목과 산중에서 잠시 끌어내오겠다는 얘기입니다. 위기에 빠진 인문학을 일으켜 세우겠다거나 하는 거창한 생각까지 하는 것은 아닙니다. 다만 인문학이 망각한 '인문(人文)', 사람의 진짜 무늬를 한번 점검해보자는 것입니다. 사람들이 왜 힘들어하고 고통스러워하는지, 이 시대의 인문학은 왜 위기일 수밖에 없는지 한번 진지하게 따져보자는 것입니다. 언뜻 난해하고 전근대적으로 보이는 사주·풍수·주역의 담론과 데이터베이스(database)들을 일목요연하게 정리해볼 생각입니다.

강호의 인문학이 위로의 인문학이란 점을 명확히 해두어야겠습니다. 잠깐 말씀드렸듯 다른 모든 것들이 무력해졌을 때, 위기에 빠진 제 삶을 다독여주었던 게 사주와 풍수와 주역입니다. 정통 인문학이 난감한 제 삶 앞에서 저보다 더 난감한 표정으로 우두커니 서 있기만 할 때였습니다. 그럴 때 사주와 풍수와 주역은 제 삶 가장 깊숙한 곳까지 파고들어와 말을 건네곤 했습니다. '운명'과 '변화'라는 두 개의 키워드를 들고 말입니다.

　　어떤 경우에도 강호의 인문학, 즉 사주와 풍수와 주역은 '사람'을 놓아본 적이 없습니다. 아마 누군가를 위로할 수 있는 것도 그 때문일 겁니다. 세상 사람들에 대한 애정이야말로 강호인문학을 천년 넘게 지탱해준 유일하고도 강력한 원천이었습니다.

　　강호인문학은 그 원천으로부터 상당히 독특한 원리들을 만들어냈습니다. 음양(陰陽)이니 오행(五行)이니 기(氣)니 하는 것들이지요. 언뜻 뜬구름 같아 보이는 이 원리들도 다양한 삶의 양태를 추상화한 것뿐입니다. 어쨌든 그렇게 서구 인문학과는 전혀 다른 독자적 원리를 가지고 삶에 지친 현대의 소시민들을 위로해왔습니다. 차별화된 체계에서 도출해낸 특유의 내공으로 위기에 빠진 사람들을 다독거려준 것이지요.

멀리 떨어져 있던 무협의 고수들이 아주 가끔씩 속세를 찾아 위기를 타개해주었던 것처럼 말입니다.

———————

　오랫동안 은거와 격리를 택했던 강호의 인문학, 그 위로의 인문학이 들려주는 파격적이고도 비밀스러운 사연을 지금부터 만천하에 드러내 보일 생각입니다.

　그러나 이 책은 기존의 사주·풍수·주역에 관한 수많은 해설을 정리하고 요약하려는 시도는 물론 아닙니다. 차라리 그 수많은 해설을 걷어내려는 시도입니다. 그렇게 해야만 그 방대한 해설 뒤에 감춰져 있던 사주·풍수·주역의 인문학적 본질이 드러나기 때문입니다.

　그래서 철저하게 취할 건 취하고, 버릴 건 버리겠습니다. 삶과 연관된 핵심을 잡아내고, 그 핵심으로부터 파생되는 원리들로 사주·풍수·주역을 재구성해나간다고 보시면 될 것 같습니다.

　그것은 이 책의 장점인 동시에 한계입니다. 뚜렷한 입장을 가진 해석은, 동시에 자의적인 해석이 될 위험도 있기 때문입니다. 어느 쪽이든 오랫동안 소외됐던 동양의 전통 담론들에 대한 관심을 환기하는 역할은 할 수 있을 줄로 믿습니다.

모쪼록 이 책이 '강호인문학'에 잠재적 관심을 두고 있던 여러분들의 공부 의욕을 자극할 촉매가 되었으면 합니다. 책 뒷부분에, 서투르고도 어설픈 제 공부의 경험을 그대로 노출해가며 여러 권의 추천 도서들을 정리해놓은 이유입니다.

이제 강의를 시작하겠습니다.

제 1 부

강호인문학의 기초

1강

동양학은
도서관에
있지 않다

미국 하버드대학교 캠퍼스에 옌칭(燕京) 도서관이라고 있습니다. 옌칭은 현대 중국의 수도인 베이징(北京)의 옛 이름이지요. 정체를 짐작할 만합니다. 옌칭 도서관은 중국을 포함한 동아시아의 책을 대거 소장하고 있는 곳입니다.

동양학의 본산, 하버드 옌칭

제가 방금 '대거'라고 했습니다. 도대체 얼마만큼이 '대거'일까요? 어느 기사를 보니 2012년 기준으로 무려 140만 권이 소장되어 있다고 합니다. 중국 책이 절반이고, 한국 책도 20만 권 가까이 된다고 합니다. 일본 책도 30만 권은 되는 모양입니다. 동아시아 관련 자료는 죄다 모여 있다고 보면 될 것 같습니다.

이러다 보니 옌칭 도서관은 자칭타칭 동양학의 본산입니다. 우리나라의 내로라하는 학자나 작가들이 옌칭 도서관에 가서 놀라고 왔다는 얘기들이 신문에 심심찮게 등장합니다. 대강 이런 얘기들이지요.

"한 달 내내 옌칭 도서관 책들 속에 파묻혀 있었다. 그것만으로 행복했다."

"내 연구 활동에 큰 전기(轉機)가 될 것 같다."

"동양의 역사·사상을 새롭게 보게 됐다."

"동양에 대해 동양 사람들보다 더 깊이 연구하는 서양 사람들이 무섭다."

동양 고전이라 봐야 『논어論語』, 『맹자孟子』에 『삼국지三國志』와 『수호지水滸誌』 정도 읽으면 박식하다는 소리 듣는 우리네 상황에 익숙해져 있다가 1백만 권 넘는 동아시아의 책들을 실제로 눈으로 보고 나면 입이 딱 벌어질 만도 합니다. 한·중·일 등 동아시아 대표 국가의 역사·사상·과학·문화가 미국의 한 도서관에서 매일매일 연구되고 체계적으로 정리되고 자료로 저장된다고 생각해보십시오.

옌칭 도서관에 가서 직접 보지 않아도 그건 겁나는 일입니다. 한 지역의 텍스트(text)를 파악하는 것은, 그 지역 사람들의 정신과 속내를 꿰뚫는 일입니다. 그것도 천년의 세월에 걸쳐 누적된 속마음을 말입니다. 그걸 다 파악하면, 중국인들이, 한국인들이, 일본인들이 지금 당장 어떤 현안을 어떻게 처리할지 한눈에 보일 수밖에 없습니다. 무섭고 겁나는 일 맞습니다.

서양이 '동양'을 규정한다?

그런데 개인적으로는 무서운 일이 또 하나 있습니다. '동양'이 무엇이고 '동양학'이 무엇인지 서양 사람들이 자의적으로 규정할 위험이 있다는 것입니다. 생각해보십시오. 옌칭 도서관이 연구소와 함께 설립된 게 1928년이라고 합니다. 조금 있으면 100년의 역사를 갖게 됩니다. 하버드대학교의 명성에, 도서관 자체의 엄청난 규모와 역사가 가세합니다. 옌칭 연구소가 관심 갖지 않는 분야는 동양학이 되기 어렵습니다. 옌칭이 동양학이고, 동양학이 옌칭입니다.

무서운 얘기입니다. 동양이 무엇이고, 동양학이 무엇인지, 서양 사람들이 세운 옌칭이 그렇게 규정해도 될까요? 그렇게 해서도 안 될뿐더러 그리되지도 않을 것이라고 생각합니다. 동양과 동양학이 어찌 서양과 서양 정신에 의해 규정될 수 있겠습니까? 서구 특유의 합리적인 사고로 동양적인 것이 제대로 걸러질 수 있을까요?

서두를 하버드대학교로 시작하다 보니 분위기가 괜히 엄숙해졌습니다. 하버드대학교와 옌칭 도서관을 통해 하고 싶은 얘기는, 이른바 '동양학'이라고 하는 분야를 너무 아카데믹하게 생각하지 말자는 정도입니다. 또 현대의 학문은 어떻게 해봐야 서구의 학문이니, 그 얘기는 동양을 서양의 시각에서 재단하지 말자는 얘기도 됩니다.

그럼, 어디서 '동양'과 '동양학'을 찾아야 할까요?

버림받은 고수들의 거처, 강호

사는 게 고달프다 싶으면 어떻게들 하십니까? 사람마다 스트레스를 해소하는 나름의 처방이 있기 마련인데, 저에게는 그 처방이 무협(武

俠)입니다. 무슨 일 때문에 정신이 사납거나 하면 무협지 한 권 들고 침대에 처박히곤 합니다. 속세와는 무관한 곳에서 펼쳐지는 무림 고수(高手)들의 환상적인 싸움, 그 속에서 도시와 문명이 '선물'한 시름을 잊곤 합니다.

강호(江湖), 무림 고수들이 깊은 무공과 현란한 무예로 생사를 겨루는 곳이 바로 강호입니다. 강호의 원래 뜻은 말 그대로 강과 호수입니다. 중국이란 곳이 워낙 넓은 땅덩어리다 보니, 좁은 한반도에서는 상상하기 어려운 광활한 강과 호수가 즐비합니다. 고수들은 그렇게 사람들이 밀집한 마을에서 한참을 떨어진 강호에서 칼을 휘두르고 장풍도 씁니다.

강호란 곳은 막강의 에너지가 넘치는 곳이기도 하지만, 쓸쓸한 곳이기도 합니다. 일견 멋져 보이지만 사실은 격리된 시공간입니다. 현실에 발붙이면 현실을 혼란하게 할 뿐인 내공의 소유자들이 집결한 그들만의 공간입니다. 천형(天刑)처럼 고수들은 속세를 떠나 그곳에 주둔합니다. 그러나 속세를 떠나고 싶어 떠난 게 아닙니다. 속세의 행복을 누리고 싶었으나 자신들의 이상한 능력 때문에 그러지 못한 것입니다. 강호는 파라다이스가 아니라 유배지이자 망명지인 것이지요.

하버드 이야기를 하다가 뜬금없이 무협과 강호를 얘기한 것은 이 시대의 동양과 동양학 역시 그렇게 쓸쓸하고 격리된 공간에 위치하는 것은 아닌가, 하는 생각 때문입니다.

사주, 주역, 풍수의 현실
무협지를 읽다 보면 이 시대의 진정한 동양과 동양학도 어쩌면, 그렇게 강호로 쫓겨난 무림 고수들을 닮은 것은 아닌가 하는 생각이 들곤 합니다. 내공을 가지고는 있으나 그 내공이 천형이 된 사람들, 진정한 동양을 간직한 사람들은 그들이 아니냐는 것입니다. 서구의 합리적 정신에 밀리고 밀린 것들이 진짜 동양적인 것, 동양적인 정신은 아닐까요?

살다 보면 서구의 합리로 채우지 못하는 고민과 갈등이 존재합니다. 사람들은 그런 번민을 풀기 위해 미신과 잡술에 호소합니다. 때론 미래 예측을 위해 이용하기도 합니다. 공교롭게도 그런 미신과 잡술들은 모두 동양의 전통적인 신념 체계들입니다.

생각해보십시오. 사주니 주역이니 풍수니 하는 것 말입니다. 그것들 역시 옌칭 도서관 한구석에 동양학의 한 품목으로 소장돼 있을지 모릅니다. 하지만 연구의 대상이 되지는 못합니다. 그냥 무관심 속에 비치돼 있을 뿐입니다. 그런 미신과 잡술 들이 온전히 둥지를 틀고 있는 곳은 그저 문명에서 소외된 어느 골목길 어귀나 시장통입니다. 그런 곳에 초라한 간판을 내걸고 잠복해 있을 뿐입니다. 그러나 그들은 근대화 이전, 동양의 전통을 가슴 깊이 간직하고 있습니다.

진정한 동양학은 그런 것들이 아닐까요? 서양의 문명에 밀리고 밀려 자기 자신을 강호로 떠밀 수밖에 없었던 어떤 사유 체계들…. 천년 전만 해도 세계를 해석하고, 온갖 인간적인 문제들을 해결해주었던 그 사상 체계들이 어느 순간 저잣거리로 밀려나고 말았습니다.

강호인문학

하버드 옌칭 도서관 서가의 동양학도 물론 중요합니다. 그러나 문명화 과정, 좀 더 정확히는 서구화 과정에서 밀려난 동양적인 것들에 대해서도 주목할 필요가 있습니다. 학문의 카테고리에서는 일찌감치 탈락했으나, 바로 그러한 까닭에 동양의 전통적 가치들을 더욱 속으로 품게 된 사상 체계들 말입니다.

거리의 동양학은 오랫동안 소외됐습니다. 그러나 그 소외로 인해 소외된 이들의 마음을 어루만질 능력까지 얻게 됐습니다. 삶이 힘겨울 때마다 골목 후미진 곳의 점집을 찾아가는 동료들을 떠올려보십시오. 도서관의 동양학이 서구의 학문 체계와 융합하고 소통하는 동안, 거리의 동양학은 은거 속에서 전통 가치들을 더욱 공고히 하며 우리네 삶을 위로해왔습니다.

그렇게 소외된 사람들을 위로해온 거리의 동양학에 '강호인문학'이란 이름을 선사했으면 싶습니다. 갑자기 인문학 얘기를 꺼내서 뜨악하신가요?

인문학[1]이 다른 게 아니지요. 백과사전에서 인문학을 찾아보면 "인간의 사상과 문화를 대상으로 하는 학문 영역"이라고 설명하고 있습니다. 사람들의 생각, 사람들의 행동양식에 대해 궁구(窮究)하면 그게 인문학입니다. 그런 맥락에서라면 우리가 지금까지 얘기한 거리의 동양학만 한 인문학이 없다고 저는 생각합니다. 겉으로는 잘 드러나지 않는 사람들의 내밀한 생각과 행동을, 크게 티 내지 않는 방식으로 해석하고 치유해온 게 거리의 동양학이었으니까요.

언제인가부터 '인문학의 위기'를 말하고는 합니다. 저는 그 이유 중

---

1 전통적인 맥락에서라면 자연과학(natural science)의 반대편에 인문학(humanities)이 있다. 그러나 이도 옛말이다. 생물학·뇌 과학 등이 인문학의 주제들을 선점해가고 있는 형편이다. 언제부터인가 인문학의 최다 연관 검색어는 '위기'이다. 제도권에 안주한 탓이 아닐까. '강호'로부터의 수혈이 필요한 이유이기도 하다.

하나가 사람들이 마음 깊숙이 간직하고 있는 생각과 거기에서 나오는 행동을 파악하는 데 실패했기 때문이라고 생각합니다. 저잣거리를 횡보하는 진짜 '인문'을 읽어내지 못했다는 얘기지요.

강호인문학이 그 오랜 실패를 만회할 수 있으리라 생각합니다. 엄청난 내공을 가지고도 강호에 은둔했던 무림의 고수들처럼, 음양과 오행과 기로 무장하고 힘겹지만 끈질긴 싸움을 벌여왔던 게 강호의 인문학입니다. 이제 그 진가를 발휘할 때가 됐다고 생각합니다.

선언만으로는 부족합니다. 그래서 거리의 미신과 잡술이 과연 강호인문학의 자격을 갖추고 있는 것인지 천천히 알아볼 생각입니다. 이름만 번드르르한 무자격·돌팔이 처세술에 '학(學)'의 자격을 주어서는 곤란하니 말입니다.

과연 서구의 합리적 학문에 대항할 그들의 무기가 무엇인지 알아보고자 합니다. 그들이 내세우는 내공들을 하나하나 점검해볼 생각입니다. 그들이 오랫동안 그래 왔듯, 인간의 운명에 대해 논할 자격이 있는지도 함께 말입니다.

2강

오행·음양·기는
한 몸인가?

앞서 '강호인문학'이란 이름에 대한 해설을 시도하면서 사주와 주역, 풍수를 언급했습니다. 그런데 이렇게 따질 분도 있겠네요.

"관상은 왜 빼는 거요?"

"무당이나 신점(神占)의 존재도 다뤄야 하는 거 아닌가요?"

강호인문학 삼총사

맞습니다. 그런 질문 던질 수 있습니다. 별다른 설명 없이, 사주·주역·풍수만을 강호인문학에 끼워 넣는 것은 문제의 소지가 있습니다. 하지만 자의적인 분류는 아닙니다. 잠깐 해명해볼까요.

우선 신점부터 살펴보겠습니다.

신점은 너무 직관적입니다. 직관에만 의존합니다. 신점이 던지는 메시지를 검증할 수단이 없습니다. 실증이니, 합리니 서구의 잣대를 들이대는 게 아닙니다. 최소한 "그런 메시지가 어떻게 나오게 됐느냐?" 라는 질문에 관해 설명은 할 수 있어야 합니다. 그런데 그게 안 됩니다. 동서양 사유방식의 차이에 관한 문제가 아니라, 어떤 일의 기본적 존재 방식에 관한 문제인 것이죠.

역술인이나 무속인에게 자신이 던진 신점 메시지의 근거를 대보라고 얘기해보십시오. 아마도 강렬한 레이저 눈빛을 쏘는 것으로 대답을 대신할 것입니다. 그들의 근거는 그냥 신 내림입니다. 접신(接神)입니다. 논리로 설명할 수 없는 일들입니다. 그런데 '강호인문학'도 어쨌든 '학'입니다. 설명할 수 없는 그 무엇을 '학'의 대상으로 삼을 수는 없습니다. 그래서 배제한 것입니다.

그럼 관상은 어떨까요? 관상은 나름대로 경험이 누적된 것입니다. 거리에 널린 얼굴이 데이터이니만큼 긴 세월 검증을 거치며 수정·보완된 것이 사실입니다. 반론이 있을 수 있습니다만 일단 한번 들어보시죠! 관상의 기본은 눈과 코를 경계로 얼굴을 3등분하는 것입니다. 눈썹 위 이마가 30세까지, 아래로 코까지가 50세, 인중과 입·턱 부위가 이후 말년 운세를 좌우한다고 봅니다.

그런데 그게 왜 그렇지요? 귓불이 길게 내려오면 장수하고, 아래턱이 부실하면 뚝심이 없습니다. 눈의 흰자위가 너무 넓으면 범죄를 저지르기 쉽고, 코가 잘 생기면 재물 운이 있습니다.

그런데 그게 왜 그렇게 되는 것이지요? 관상은 경험과 추정의 합성입니다. 잡다한 경험 외의 근거를 제시할 수 없다고 저는 생각합니다. 경험을 근거로 삼되, 경험만이 근거입니다.

사주·주역·풍수는 다릅니다. 제1원리를 세우고 그로부터 다양한 방법론을 연역해내는 방식입니다. 제1원리, 방법론, 연역, 너무 거창한가요? 하지만 실제로 그렇습니다. 보시지요.

사주는 통계라는 속설

동양의 명리(命理)에 대해 무얼 좀 안다는 분들을 보면 이런 얘기를 합니다. 대개는 아주 점잖은 투로 말하지요.

"사주는 통계학이야!"

그러나 사주는 통계가 아닙니다. 사주는 오행(五行)이라는 아주 단순한 원리에서 출발해, 사람의 성격과 운명의 다양한 모습을 묘사하고 예측하는 지극히 연역적 체계입니다. 하나의 원리에서 개별적인 이야기들을 실타래 뽑듯 끄집어내는 방식입니다.

주역도 이와 마찬가지입니다. 오행보다 더 단순한 음양(陰陽)이라는 제1원리를 미래 예측과 윤리의 영역까지 확장해내는 체계입니다. 이것 역시 명백히 연역적 체계입니다.

풍수 역시 그 본질은 연역입니다. 연역의 정도가 사주나 주역보다는 느슨한 게 사실이고 지리 개념을 끌어안기도 하지만 제1원리는 바로 기(氣)입니다.

사주가 왜 통계가 아닌지는 차후 강의를 통해 자연스럽게 알게 될 것입니다. 지금 하고자 하는 얘기는, 사주와 주역과 풍수는 각각의 제1원리인 오행, 음양, 기에서 출발하는 연역적인 체계이며 그래서 세 개의 영역이 '강호인문학'이란 이름 아래 자연스럽게 뭉칠 수 있다는 것입니다.

그래도 관상과 신점을 사랑하는 분들은 여전히 아쉬움을 버리지 못하겠지만, 이 강의에서는 잠시 아쉬움을 묻어주십시오.

아쉬운 대로 '강호인문학 삼총사'에 대한 해설을 이어가겠습니다.

오행, 음양, 기는 한 몸인가?

강호인문학 삼총사와 그 본질을 단순하게 정리하면 이런 식이 되겠지요.

오행의 확장판인 **사주**
음양의 확장판인 **주역**
기의 확장판인 **풍수**

오행·음양·기 각각에 대한 개략적인 내용은 챕터를 달리해 설명할 것입니다. 사주·주역·풍수에 대한 상세한 해설은, 바로 이 강의록 자체가 되겠지요. 그 전에 한 가지만 명확히 해두고 넘어가려 합니다.

우리가 논의하는 맥락에서 오행과 음양과 기는 강호인문학의 3대 원리이지만, 이 세 가지 원리는 모두 별개라는 얘기를 꼭 하고 싶습니다.

오행과 음양과 기는 한 몸이 아니다!

강호인문학의 3대 원리는 하나로 통합될 성질은 아니라는 얘기입니다. 강의의 초반에 이 얘기를 강조하는 이유가 있습니다. 많은 이들이 세 가지 원리를 통합하려고 했고, 실제로 통합된 이론이 존재하지만 그러한 시도가 오히려 강호인문학의 위상을 실추시키는 경우를 보아

왔기 때문입니다.

고대 중국사를 기준으로 볼 때 오행과 음양과 기에 관한 얘기는 대개 춘추(春秋)와 전국시대(戰國時代), 그리고 진(秦)·한(漢) 시기를 거치며 형성됐습니다. 모두 세상을 어떻게 바라보고, 어떻게 해석하느냐와 관계된 담론이지만, 당연히 한 사람이나 한 집단에 의해 통합적으로 만들어진 것은 아닙니다. 다른 시대에, 다른 이해관계를 가진 이들에 의해 만들어졌습니다.

통합을 위한 통합

그런데 훗날, 남송(南宋) 대의 주희(朱熹)[2] 같은 천재가 태극으로부터 음양·오행으로 통하는 일원적 체계를 마련합니다. 매력적인 체계이기는 하지만, 강호인문학의 입장에서는 그 체계 자체가 해악이 될 수도 있습니다.

예컨대 두 개의 요소로 이뤄진 음양과 다섯 개의 요소로 이뤄진 오행을 무리하게 통합할 때 불가피하게 논리의 결함이 생기고 맙니다. 가볍게 사례 한 가지만 생각해보겠습니다.

음양·오행을 통합하는 경우, 대개 따뜻한 양(陽)의 기운이 목(木)과 화(火)로, 차가운 음(陰)의 기운은 금(金)과 수(水)로 분화되는 것으로 해석합니다. 그럼 토(土)는 어디로 갑니까? 목·화·토·금·수 오행 중 토가 설 자리를 잃습니다.

---

2 주희(1130~1120)는 12세기 중국 남송 시기의 대학자다. 주자(朱子)로도 부른다. 공자 이후 유학의 성과를 집대성하고, 그 방향을 새롭게 틀었다. 그의 학문 체계를 주자학, 성리학으로 부른다. 주희를 통하지 않고서, 동아시아 사상의 전모를 파악하는 것은 불가능하다. 예컨대 그가 성리학 개론서로 편집한 『근사록近思錄』은 음양이나 '주역'에 관한 지식 없이는 몇 페이지 이상을 넘길 수 없다.

물론 해결책이 등장합니다. 토를 거치며 음과 양이 뒤섞이고, 세대 교체할 준비를 하게 된다는 식입니다. 그럴듯해 보이나요? 그러나 이 같은 설명은 사주 체계도 주역 체계도 굳이 채택할 필요가 없는 논리입니다. 음양과 오행을 통합하고자 하는 바로 그 목적에만 필요한 논리입니다. 통합할 생각을 버리면 굳이 동원할 필요가 없어지는 사족 같은 것입니다.

무리한 통합 과정에서 생기는 논리적 허점들이, 개별적으로는 무리 없이 잘 다듬어진 사주와 주역과 풍수의 체계에 괜한 의심을 불러일으킨다는 게 제 생각입니다.

사주 가게의 주역 간판

이론이 번잡해졌습니다. 현실적인 이야기 하나 정도만 하고 오행, 음양, 기에 대한 개별적 설명으로 넘어갈까 합니다.

사람들은 현재가 힘들고 미래가 불확실해 점(占)집을 찾아갑니다. 그런 불확실성이 견디기 어렵고 두려워 추레한 골목의 어떤 상가 2층의 점집을 찾게 되는 경우를 가정해보겠습니다. 실제 그런 생각으로 점집을 찾아가 보신 분이 있으리라 믿습니다. 그렇게 찾아간 점집 간판에는 예외 없이 '사주명리'와 '주역'이 함께 쓰여 있습니다.

그런데 그 점집의 주인인 역술인 또는 명리연구가가 하는 얘기는 백발백중 사주에 관한 얘기가 전부입니다. 주역에 대해서는 알지도 못하고, 할 얘기도 없습니다. 그런데도 굳이 '주역'을 간판에 내겁니다. 주역의 음양 원리가 사주의 오행에 앞서는 근본 원리라 생각하기 때문입니다. 말하자면 해당 역술인은 "나는 명리의 근본을 아는 전문가!"란 얘기를 하고 싶은 것입니다. 뽐내고 싶은 것이죠. 알지도 못하고 할 말도 없는 '주역'을 사주 옆에 병기하는 건 대개는 그런 이유입니다.

그러나 사주는 사주이고, 주역은 주역입니다.

오행은 오행이고, 음양은 음양입니다.

풍수도 마찬가지입니다. 풍수는 다섯 개(오행)도 아니고 두 개(음양)도 아닌 단 하나의 원리, 즉 기(氣)를 기본으로 자신의 논리를 전개합니다.

물론 점(占)의 어떤 고수가 자신의 박학과 무불통지(無不通知)를 자랑할 수는 있습니다.

"나는 사주와 주역과 풍수를 동시에 구사하는 사람이오!"

고수라면 가능한 일입니다. 그러나 그가 자신의 말대로 강호인문학 삼총사에 두루 통한, 진짜 고수라면 이렇게 덧붙일 것입니다.

"사주와 주역과 풍수는 심오하되 서로의 길을 갈 뿐이오."

오행과 음양과 기는 각각 자신의 길을 걸어왔고, 계속 그렇게 갈 길을 가야 합니다.

기독교 성경에 이런 말이 있지요.

"가이사(로마의 황제)의 것은 가이사에게, 하나님의 것은 하나님에게."

강호인문학이 사는 길도 같습니다.

오행은 오행이고, 음양은 음양이며, 기는 기일 뿐입니다.

3강

오행,
만물을 다섯 가지로
분류하다

사주는 오행, 주역은 음양, 풍수는 기로부터의 연역이라 했습니다. 강호인문학 삼총사의 각론에 앞서, 오행과 음양과 기에 대해 총론 격의 설명을 간략히 하고 넘어가려 합니다.

오행으로 시작하겠습니다.

문제적 용어, 오행

오행, 이것 참 문제적 용어입니다. 뜻이야 어려울 게 없습니다. 다섯 가지 요소나 다섯 가지 기운으로 풀이할 수 있습니다. 목(木), 화(火), 토(土), 금(金), 수(水), 이렇게 다섯 가지의 요소나 기운이 오행입니다.

그런데 그 단순한 원리의 위력이 무지막지합니다. 왕조의 흥망성쇠로부터 한 개인의 입맛까지 간섭합니다. 이 강의에서 그걸 다 다룰 수는 없습니다. 강호인문학 논의에 필요한 만큼만 알면 되겠지요.

그렇게 범위를 한정해도, 오행은 여전히 야심 가득한 거대 담론입니다. "이 세상은 도대체 무엇으로 만들어졌는가?" 하는 거창한 질문에 대한 답변이기 때문입니다. 오행의 결론은 물론 예상하는 대로입니다.

이 세상은 나무와 불과 흙과 쇠 그리고 물로 만들어져 있다!

진짜 그런 것인지는 천천히 생각하셔도 됩니다. 그보다 옛날 사람들이 세상을 바라보는 방식이 어떠했는지부터 살펴보겠습니다. 처음부터, 또 지구의 모든 곳에서 그 질문에 대한 대답으로 '오행'을 내세우지는 않았겠지요.

세상은 무엇으로 이루어져 있는가?

동아시아에서는 오행의 힘이 너무 압도적이었습니다. 다른 대안이 있어본 적이 거의 없습니다. 그러나 다른 곳은 다릅니다.

잠시 2,500년 전 지중해로 가보겠습니다. 가끔은 가까운 길을 멀리 돌아가기도 하는 법입니다.

우리가 흔히 '자연철학자'[3]라고 부르는 이들이 지중해 동쪽과 북쪽에 살았습니다. 세상을 해석하는 데 골몰했던 사람들입니다. 대단히

---

3 이 세계는 무엇으로 이뤄져 있을까에 대해 고민하던 1세대 철학자. 세계의 구성 요소는 고대 그리스인들이 가장 궁금해했던 '철학적 주제'였다. 그들은 자연에 내재한 질서를 신봉했다. 거의 강박적으로 그 질서의 원리를 찾으려 했다. 탈레스의 물 일원론으로부터, 데모크리토스의 원자론까지 그 스펙트럼은 매우 다양하다.

진지했던 이들이지요. 그들은 세상의 '재료'가 무엇이라고 생각했을까요?

단순하고 명쾌한 답을 내놓았던 시절이 있습니다. 이 세상이 단 하나의 기본 물질에서 파생됐다고 보았던 시절입니다. 우주 만물이 사실은 하나의 뿌리에서 나왔다고 생각한 것입니다.

먼저 물이라고 본 사람이 있었습니다(탈레스). 나중엔 불이라고 주장하는 사람이 나왔습니다(헤라클레이토스).

편하긴 한데, 세상을 이렇게 하나의 원소로 환원시키다 보니 문제가 생겼습니다. 저기 멀리 보이는 산이 정말 물에서 생겨났을까? 뜨거운 불이 차가운 얼음을 만들어낼 수 있는 것인가? 모든 게 물이나 불로만 이뤄졌다는 견해는 눈에 보이는 현상과 너무 달랐습니다.

4원소설(說)은 그래서 나왔을 것입니다. 고대 서양인들에게 가장 광범위한 지지를 받았던 게 4원소설입니다. 만물의 근원이 '물·공기·불·흙' 이렇게 네 가지란 얘기였습니다(엠페도클레스).

4원소설은 몇백 년 동안 그리스 사람들의 머리를 사로잡았습니다. 엠페도클레스보다 100년 후 사람인 아리스토텔레스도 그 4원소설을 이용해 우리가 사는 지구의 구조를 해명했습니다. 4개 원소 중 가장 무거운 흙이 지구의 밑바닥을, 그보다 가벼운 물이 그 위의 바다를 형성합니다. 공기가 그 위에 있고, 다시 그 위에 불(태양이나 번개를 염두에 둔 것이겠죠!)이 있는 것이라고 아리스토텔레스는 생각했습니다.

비교가 본질을 드러냅니다. 동양의 견해와 비교해보겠습니다.

고대 중국인이 궁리했던 '나무·불·흙·쇠·물' 5원소론의 의미가 한결 더 구체적으로 다가오는 느낌이 들지 않으세요? 물 또는 불의 1원소론, 물·공기·불·흙의 4원소론에 비해 좀 더 현실적이고 실제적인 분류라는 생각이 들 때가 있습니다.

원자론

그러나 이 세상은 나무·불·흙·쇠·물 다섯 가지 요소로 이뤄져 있지 않습니다. 21세기 지구의 자연과학, 구체적으로는 화학이 그렇게 말합니다. 세상은 다섯 가지 요소, 즉 오행으로 이뤄져 있지 않다고. 세상이 무엇으로 이뤄져 있는지 과학적인 시각에서 알려면 오행 대신 주기율표를 봐야 합니다.

어려울 것 없습니다. 중고등학교 화학 시간에 슬쩍이라도 봤던 그 주기율표입니다. 그리고 그 정도 기억이면 충분합니다.

주기율표에는 100여 개의 원소가 특정한 규칙에 따라 배열돼 있습니다. 1번 수소, 2번 헬륨으로 시작해, 6번 탄소, 7번 질소, 8번 산소…. 이런 식으로 전개됩니다. 철(26번)도 있고, 금(79번)도 있고, 우라늄(92번)도 있고, 플루토늄(94번)도 있습니다.

바로 이 원소들이 세상 만물을 이루는 순물질입니다.

오행이나 4원소, 1원소가 아니라 주기율표에 수록된 100여 개의 원소가 세상 만물을 구성한다는 것입니다.

조금만 더 깊숙이 들어가 볼까요?

그게 무엇이든 사물 하나가 있다 치겠습니다. 이걸 잘게 쪼개어 나가면 분자가 됩니다. 사물의 특성을 가지는 최소 단위 입자입니다. 분자는 더 잘게 쪼갤 수 있습니다. 비록 그 사물 특유의 성질을 잃고 말지만, 원소로 쪼개지는 것입니다. 탄소, 수소, 철, 마그네슘, 구리 들처럼 더 이상 분해되지 않는 물질을 이루는 주기율표의 원소들이지요.

물론 쪼개면 더 쪼개집니다. 원소는 원자핵과 전자로 더 쪼갤 수 있습니다. 원자핵은 양성자, 중성자로 구성되어 있고, 주기율표의 번호는 바로 양성자 수와 같습니다. 첨단의 과학은 이걸 더 쪼갤 수 있습니다. 그러나 강호인문학을 위해서는 그만 쪼개도 될 것 같습니다. 원소 분류까지만 가면 됩니다.

다섯 가지 기운

사물의 속내를 파고드는 사이 일이 꼬이고 말았습니다. 세상을 이루는 다섯 가지 원소, 오행에 관한 얘기는 낭설이 되는 건가요? 차라리 잘된 일입니다. 오행에 관한 얘기를 시작하면서 말씀드렸습니다. '오행'은 다섯 가지 요소로 풀기도 하고, 다섯 가지 기운으로 풀기도 한다고 말입니다. 그런데 엄밀하게 말하자면 오행은 요소가 아니라 기운으로 봐야 합니다. 다섯[五] 가지의 움직임[行]입니다. 정확한 의미에서 우주 만물의 변화 양상을 말합니다.

다섯 가지 원소로서의 오행은, 오행의 실체를 이해하는 데 도움이 되기는 하지만 실체 자체는 아닙니다. 그러니 오행이 무엇인지 아는 데 도움이 됐으면 버리면 됩니다. 아니 버려야만 합니다. 우리가 살펴보고자 하는 사주의 맥락에서도 그게 맞습니다. 강을 건넜으면 뗏목을 버리라고 하지요. 언덕 위에서까지 뗏목을 인 채 힘겨워할 필요가 없습니다.

중간 정리하겠습니다. 오행을 다시 정리하겠습니다.

木(목): 위로 밀고 올라가는 기운

火(화): 확 사방으로 펼쳐지는 기운

土(토): 감싸 안고 품어주는 기운

金(금): 비우고 소멸시키는 기운

水(수): 고요하게 채우는 기운

각각의 성질을 보면 왜 '요소'로서의 오행에 집착하게 되는지 이해도 됩니다. 나무는 꾸준히 성장하고, 불은 확 퍼지고, 흙은 만물을 품으며, 쇠는 차갑게 예리하고, 물은 정지한 듯 흐름을 멈추지 않습니다. 나무와 불 등은 목과 화 등 각각의 기운에 대한 훌륭한 상징입니다.

그럼에도 불구하고 오행을 정체 상태의 어떤 요소로 보는 것은 적절치 않습니다. 오행은 흐름입니다. 끝없이 이어지는 과정의 단계들을 묘사할 뿐입니다. 우주 변화의 원리를 포착해 이미지화한 것입니다.

다시 강조하건대 오행은 움직임, 즉 흐름입니다. 다섯 가지의 '요소'로 실체화하는 것은 비유와 상징 차원에서만 허용됩니다.

오행의 확장

본질과 별개로 동아시아 사람들의 일상에서 오행의 확장은 참으로 눈부십니다. 무슨 제국주의처럼, 오행은 사람들의 일상을 내밀하게 파고들었습니다. 익숙해져서 그렇지, 그 변용은 사실 상상을 절(切)하는 수준입니다.

목·화·토·금·수 순서에 따른 확장을 몇 가지만 예로 들겠습니다.

몸의 측면에서는 간, 심장, 비장, 폐, 신장이 됩니다.

맛의 측면에서는 신맛, 쓴맛, 단맛, 매운맛, 짠맛이 됩니다.

인성의 측면에서는 인(仁), 예(禮), 신(信), 의(義), 지(智)가 됩니다.

계절이라면 토를 빼고, 봄, 여름, 가을, 겨울이 됩니다.

가고자 하면 계속 갈 수 있습니다. 중국 왕조의 상징색도 오행의 순서를 따라 교체되었습니다. 청(靑), 적(赤), 황(黃), 백(白), 흑(黑)의 순서이지요.

사람 이름에서의 항렬(行列) 돌림자도 알고 보면 오행의 순서를 벗어나지 않습니다. 그러나 여기서는 도표로 정리해두고 더 나아가지는 않도록 하겠습니다. 그보다 중요한 것이 있기 때문입니다.

오행(五行)	목(木)	화(火)	토(土)	금(金)	수(水)
오장(五臟)	간	심장	비장	폐	신장
오미(五味)	신맛	쓴맛	단맛	매운맛	짠맛
오상(五常)	인(仁)	예(禮)	신(信)	의(義)	지(智)
오색(五色)	청(靑)	적(赤)	황(黃)	백(白)	흑(黑)
오시(五時)	봄[春]	여름[夏]	사계절	가을[秋]	겨울[冬]
오방(五方)	동(東)	남(南)	중앙(中央)	서(西)	북(北)

상생과 상극

다시 본질로 돌아가겠습니다. 목·화·토·금·수의 다섯 기운은 따로 놀지 않습니다. 흐름이고 과정인 이상 서로 떨어지지 않습니다. 그 첫 번째 표현이 상생(相生)입니다.

木生火(목생화): 목은 화를 살리고

火生土(화생토): 화는 토를 살리고

土生金(토생금): 토는 금을 살리고

金生水(금생수): 금은 수를 살리고

水生木(수생목): 수는 목을 살린다

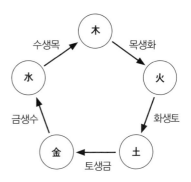

그렇게 계속 순환합니다.

상승하고 퍼지다가 쉬었다가 하강하고 잠복합니다. 성장하며 팽창하는 발전 이면에는 누르고 정지하는 작용도 있습니다. 이를 상극(相剋)이라고 합니다.

木剋土(목극토): 목은 토를 치고

土剋水(토극수): 토는 수를 치고

水剋火(수극화): 수는 화를 치고

火剋金(화극금): 화는 금을 치고

金剋木(금극목): 금은 목을 친다

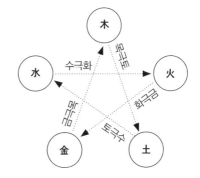

세상의 이치가 그렇습니다. 서로 북돋워 주고 눌러 주기도 하는 겁니다. 그래야 돌고 돌 수 있습니다.

세상과 우주는 이렇게 변합니다. 오행의 기운은 서로 살리기(상생)도 하고 죽이기(상극)도 하면서 끝없이 순환합니다.

오행에 대한 총론은 이 정도면 될 듯합니다. 그로부터 연역될 사주를 해설하는 데 다른 잡다한 장치가 필요하지 않습니다.

이제 음양과 기에 대한 설명으로 넘어가겠습니다.

4강

음양,
세상의 본질

음양(陰陽)에 관한 설명은 단순합니다. 어느 책, 어느 경전을 읽으나 거기서 거기입니다.

세상은 밝음[明]과 어둠[暗], 움직임[動]과 고요함[靜], 추위[寒]와 더위[暑]처럼 상호 보완적인 힘과 측면으로 이뤄져 있습니다. 각각의 경우, 쌍을 이루는 이 둘은 시간의 흐름에 따라 움직이는데, 하나가 극점에 도달하면 다른 하나에게 자리를 양보합니다. 만물은 이런 과정을 거쳐 태어나고[生], 죽고[死], 다시 태어납니다[再生]. 이게 전부입니다. 그 뒤로 이어지는 설명은 대개 중언부언입니다.

중언부언을 피해서 진행해보겠습니다.

음양의 탄생

지금으로부터 약 140억 년 전에 우주가 만들어졌습니다. 과학자들이 말하는 빅뱅입니다. 태양이 만들어진 것은 50억 년 전쯤입니다. 우주의 구석, 다시 은하계의 구석, 다시 그 변방에서 일어난 일입니다. 다시 4억 년이 흐릅니다. 지금으로부터 46억 년 전에 지구가 만들어졌습니다. 태양 주위를 돌던 우주의 먼지들이 어쩌다 뭉쳤을 것입니다.

뭉친 뒤에도 지구는 물론 태양 주위를 계속 돌았습니다(공전). 그리고 스스로도 돌았습니다(자전). 태어날 때부터 지구는 그렇게 계속 돌았습니다. 한시도 쉬지 않고 태양을 돌고, 자신의 중심을 돌았습니다. 하루의 절반은 태양을 보고, 하루의 절반은 태양을 멀리했습니다.

바로 지구의 존재 조건입니다. 쉬지 않고 계속되는 밤과 낮, 어둠과 밝음. 이게 바로 최초의 음과 양입니다. 음양의 원형(原形)입니다.

음양은 인간 세상 훨씬 이전부터, 지구의 탄생 시점에서부터 존재한 그야말로 삼라만상의 조건입니다. 인간이 발붙이고 살고 있는, 앞으로도 벗어나지 못할 지구라는 행성의 존재 조건입니다. 과학이 어마어마하게 발달해 지구를 벗어나게 된다고 해도 마찬가지일 것입니다. 그곳에도 태양처럼 거대하고 밝은 신(神)과 같은 별들이 있을 것이고, 지구와 같이 그 별을 도는 별들이 있을 것입니다. 음양은 어찌 보면 우주의 존재 방식입니다. 인간도 뛰어넘고 지구도 뛰어넘습니다.

단순함의 위대함

너무 거창했나요? 거창할 만합니다. 우주의 본질적 속성일 수도 있으니까요. 하지만 음양의 원리 자체는 지극히 단순합니다. 밤과 낮이 있다는 것, 그게 음양의 전부입니다. 다른 건 없습니다.

그러나 음양이 펼쳐내는 스펙트럼은 거의 무한대에 가깝지요. 밤과 낮은 어둠과 밝음을 낳고, 추위와 더위를 낳습니다. 밤은 어둡고 추우며, 낮은 밝고 덥습니다.

음양은 다시 정지와 활동, 고요와 시끌벅적, 없음과 있음을 펼쳐놓습니다. 밤은 멈춰 있고 고요하며 빛을 여읩니다. 낮은 움직이고 시끄러우며 빛을 품습니다.

밤의 속성으로, 또 낮의 속성으로 무엇이 있을까요?

구체적인 사례를 찾기 위해 골몰할 필요가 없습니다. 밤과 낮이 탄생시킨 음양은 인간의 머릿속에 강력한 추상(抽象)을 낳았습니다. 바로 이원(二元)과 대립의 신화를 낳았습니다.

이젠 이 세상의 모든 대립이 음양으로써 설명됩니다. 남자와 여자, 위와 아래, 안과 바깥, 하늘과 땅, 현상과 본질, 나아감과 물러섬 등 삼라만상과 세상 속에 숨은 모든 대립이 음양의 맥락에서 관찰됩니다. 심지어는 자신의 존재 근거인 태양까지 음양의 한 축으로 격하시킵니다. 일월(日月)도 음양의 맥락에 넣지 않습니까? 태양은 양, 달은 음. 이건 좀 자가당착 아닌가도 싶네요.

중요한 것은 음양이 그 단순성으로 인해, 이 세상 자체와 어깨를 나란히 할 만큼 복잡해졌다는 것입니다. 원래 그렇습니다. 단순한 것이 가장 복잡할 수 있는 능력도 갖습니다.

차면 기운다, 기울면 찬다

태양이 쉼 없이 빛나고 지구가 쉼 없이 돌 듯, 음양도 쉼 없이 스스로를 전개합니다. 음에서 양으로, 다시 양에서 음으로 끊임없이 이행합니다. 서두르지 않되 중단되는 법도 없습니다.

그 훌륭한 상징이 바로 달입니다. 달은 차면 기울어 이지러지고, 완전히 자신을 비우면 다시 차오릅니다. 끝없고 쉼 없는 순환입니다. 세상의 움직임 자체가 그러합니다. 생장소멸(生長消滅)을 거듭하는 게 바로 세상사요, 인간사입니다. 차면 기울고, 기울면 또 차기 마련입니다. 음양의 순환은 언제나 가차 없고 무지막지합니다.

그런데 가차 없고 무지막지할 뿐인 음양의 순환이 위로와 경고의 강력한 메시지란 사실을 짚고 넘어가야겠습니다.

누구에게든 세상살이를 가장 힘들게 하는 것은 이 세상이 변하지 않으리란 생각입니다. 그게 무엇이든 지금의 끔찍한 상황이 호전될 기미를 보이지 않는다고 생각해보십시오. 그렇게 힘든 일이 없습니다. 변함없는 이 지옥을 언제까지고 감내해야 한다면 무엇하러 사는가? 우리는 자괴합니다.

그러나 우리가 상황의 불변을 믿든 말든 음양의 세상은 쉬지 않고 변합니다. 아무리 힘든 상황일지라도 끝을 보기 마련입니다. 그래서 사람들은 희망을 속삭입니다.

"6개월만 참아라."

"이것 또한 지나가리라."

"기다리면 좋은 날이 오고 만다."

모두 다 음양의 거침없는 순환 덕에 가능한 얘기입니다. 음양이 던지는 위로의 메시지입니다. 지금 기울면 언젠가는 다시 차기 마련입니다.

당연히 반대의 경우도 있습니다. 지금 잘 나간다고 오만해선 안 됩니다. 만물은 차면 기울기 마련입니다. 이건 음양이 던지는 경고의 메시지겠지요.

우리가 논의하고 있는 강호인문학 식으로 말하면 물극필반(物極必反)이란 말을 쓸 수도 있겠네요. 강호인문학 삼총사의 하나로 나중에 논의하게 될 주역에 등장하는 말입니다. 하나의 상황[物]이 극(極)에 달하면 반드시[必] 반전[反]이 시작된다는 얘기지요. 그게 삶이고 세상입니다.

어떤 경우든 자만도 포기도 금물입니다. 음양의 순환은 경고하는 동시에 위로합니다.

음양의 최신 버전, 디지털

음양에 관한 총론을 영화 〈매트릭스〉[4](1999년)로 마무리해볼까 합니다.

강호인문학 차원에서 〈매트릭스〉는 이 세상의 본질에 대해 궁구하는 영화로 읽힙니다. 무슨 황당한 얘기냐고요?

영화 중간 부분에서 주인공 네오(키아누 리브스)는 스미스들과의 결투에서 총을 맞고 쓰러집니다. 세상을 구원할 줄 알았던 인물이 죽음을 맞게 됐습니다. 그러나 네오는 죽었다 깨어납니다. 강호인문학 식으로 말하면 대사각활(大死却活) 정도 됩니다. 크게 한 번 죽었다가[大死] 홀연히 다시 살아난다[却活]는 뜻입니다.

혹시 그렇게 새롭게 태어난 네오 눈에 비쳤던 세계가 기억나나요?

---

4 실험실의 특수 용기에 뇌 하나가 담겨 있다. 치밀한 시나리오에 따라 피질의 신경에 전기 자극이 가해진다. 뇌는 가상의 현실 속에서 산책도 하고, 밥도 먹고, 잠도 잔다. 자신을 온전한 인간으로 상상한다. 그 현실은 진짜인가, 가짜인가? 영화 〈매트릭스〉는 '현실'에 대한 철학적 탐구이기도 하다.

좁은 복도와 스미스들은 사라지고, 대신 이상한 문자와 숫자가 끝없이 흐릅니다. 이제 기억나지요? 컴퓨터의 프로그램 언어 같은 녹색 기호였습니다.

그 기호는 요약하면 0과 1입니다. 0과 1의 조합입니다. 바로 디지털 세계인 것이지요. 죽었다 살아난 네오는 자신이 내던져진 세상의 본질을 보게 되는데, 그 본질은 0과 1이었습니다.

0과 1, 그것은 십진법 기호 중 일부가 아닙니다. 없음과 있음이요, 오프(off)와 온(on)입니다. 바로 음과 양입니다.

대사각활한 이후 네오는 이 세상이 음과 양으로 이뤄져 있음을 간파하게 되는 것입니다. 그다음엔 무적(無敵)입니다. 세상의 본질을 알고 난 후 스미스들이 아무리 기민하게 떼로 덤벼들어도 모두 슬로우 모션으로 보입니다. 본질을 포착한 이에게 세상은 단순하고 또 명쾌합니다.

장구한 세월을 거치며 사람들의 머릿속에서 다양하게 변용(變容)되던 음양은 '디지털'이란 이름으로 다시 이 세상에 자신의 모습을 각인시키고 있는 것입니다.

요즘 우리가 사는 세계, 이 첨단 디지털 세계의 오래된 원형이 바로 음양입니다.

5강

기,
보이지 않는 세계의
신경망

이 세상은 오리무중입니다. 게다가 쉼도, 끝도 없이 변합니다. 눈을 부릅뜨고, 정신 바짝 차린 상태로 24시간 세상을 관찰한다고 세상이 드러나는 것은 아닙니다. 개별적인 것 몇 가지를 세밀하게 묘사한다고 세상 전체를 표현할 수 있는 것도 아닙니다. 무궁무진한 변화 속에서, 불변의 무엇인가를 포착해야 합니다. 그렇지 않으면 불안해서 견디지 못합니다.

애매모호한 개념

사람들은 그렇게 천변만화(千變萬化)의 와중에서도 굳건하게 변하지 않는 무엇인가를 찾으려 했습니다. 그것을 다섯 개라 한 사람도 있고(오행), 두 개라 한 사람도 있습니다(음양). 다섯 개가 나오고 두 개가 나왔으니, 한 개라는 주장이 안 나올 리 없겠네요.

단 하나의 요소, 기(氣)를 들고 나온 사람들이 있었습니다.

세상을 관장하는 단 하나의 힘! 이 매력적인 개념은 동아시아 사유의 거의 모든 영역을 뒤덮었습니다. 자연과학이고 철학이고 가리지를 않았습니다.

기는 이 세계가 존재하는 근거(본체론)였고, 사람살이의 기본(도덕철학)이었습니다. 사람의 몸을 돌아가게 하는 기본 요소(한의)였고, 땅 밑을 낮게 흐르는 생명의 기운(풍수)이기도 했습니다.

조금만 더 나아가 볼까요?

인간을 포함한 우주 만물이 기를 바탕으로 생겨났다는 사유는 중국 한(漢)나라 때에 형성된 것으로 봅니다(본체론). 이때부터 인간과 자연은 독립적으로 존재하지 않고 기를 매개로 서로 연결됩니다. 자연의 순환에 어긋나지 않는 삶이 바람직한 삶입니다(도덕철학). 자연재해가 기의 부조화에서 오는 것처럼, 인체의 질병도 기의 부조화에 따른 현상입니다. 그래서 병이 생기면 침이나 약물로 인체의 기 운용을 조화롭게 만들어야 합니다(한의).

그런데 이렇게 거의 모든 분야를 아우르는 개념이 대개 가게 되는 길이 있습니다. 자신을 확장하는 것입니다. 수많은 영역에 두루 통하려면 하는 수 없습니다. 될수록 많은 것을 포괄해야 합니다.

그러자면 두루뭉술해야 합니다. 예리하면 안 됩니다. 정확하게 무언가 집어내려고 해서는 곤란합니다. 모호해야 합니다. 그렇지 않으면 특정 영역에서 퇴출당하는 일이 발생합니다. 이어 또 다른 영역에서, 다시 또 다른 영역에서, 그렇게 무너지게 됩니다.

그래서 기는, 그저 모호한 방식으로 세상 모든 것의 기원이 되고 말았습니다. 자신은 구체적인 형상을 결여하면서, 세상의 모든 형상을 만들어내는 그 무엇이 됐습니다.

그러니까 말하자면 신(神)에 가깝게 되고 만 것이지요. 그게 어떤 텍스트이건 '기'의 자리에 '신'을 한번 넣어보십시오. 독해에 무리가 없습니다.

강호인문학으로 주제를 한정하고 있는 이 강의에서는 기의 범위를 좁힐 수밖에 없습니다. 낮은 자세로 포복한 채 땅 밑을 잠행하는 생기(生氣). 그 정도로 기를 규정해야 할 것 같습니다. 땅속으로 거미줄처럼 은밀하게 퍼진 신경망을 통해 흐르는 어떤 힘이 바로 기입니다. 이 생명의 기운은 그러나 주로 땅에 머물되, 자기만의 방식으로 자연과 인간을 관통합니다.

그런데 그 관통은 직접적인 것은 아닙니다. 감응이라는 독특한 방식을 통해 이뤄지는데요, 이건 풍수의 각론에서 설명하겠습니다.

기를 믿어도 될까?

그런데 과연 기가 있기는 있는 걸까요? 보이지 않는 것에 대한 논의는 언제나 난감합니다. 그것이 모종의 힘이고 에너지란 사실은 인정할 수 있습니다. 이 세상이 무질서로 난장판이 되지 않는 것을 보면, 세상 저 깊은 곳에 무언가 근원적 힘이 있다고 추측 정도는 할 수 있습니다. 보이지는 않지만 말입니다.

"그래도 그 증거를 보여달라!"

누군가 이렇게 말할 수 있습니다. 정당한 요구지요. 옆구리에 난 상처를 보아야 예수의 부활을 믿겠다는 유다를 누가 쉽게 비난하겠습니까? 적어도 현대를 살아가는 사람이라면 쉽게 유다를 비난하지 못합니다. 과학의 시대 이후 우리는 누구나 유다의 동료입니다.

얘기가 좀 엇나갔나요? 어쨌든 기의 존재를 증명하기 위해 무얼 증거로 내밀 수 있을까요?

이런 방법도 있을 겁니다. 동아시아권의 고전 텍스트를 죽 펼쳐놓고 "여기에 기(氣)란 용어가 이리 숱하게 등장하지 않느냐?" 하며 '증거'를 대는 겁니다.

물론 안 되지요. 동어반복일 뿐입니다. 그건 기를 보여주는 게 아니라, 그저 기의 존재에 대한 옛사람들의 믿음을 보여주는 일이겠지요.

동아시아의 텍스트를 넘어 기의 존재에 관한 근거를 대는 것은 지난한 일입니다. 그러나 불가능한 일은 아닙니다. 바로 현대 물리학의 대표 공식으로 꼽히는 $E=mc^2$에서 우리는 기의 실체를 이해할 수 있습니다. 적어도 감지할 수 있습니다.

상대성 이론, $E=mc^2$

$E=mc^2$은 물론 현대 서양의 천재라는 아인슈타인이 내놓은 공식입니다. 상대성 이론을 집약하고 있는 공식이지요. E는 에너지, m은 질량, c는 빛의 속도입니다.

질량은 물체가 지닌 고유의 양입니다. 질량에 빛의 속도의 제곱을 곱하면 에너지의 양을 알 수 있다는 게 공식의 내용입니다. 여기서 빛의 속도는 1초당 30만km를 이동하는 어마어마한 속도입니다. 어느 과학자의 계산을 봤더니 1g의 물질로 1,000가구가 1년 동안 쓸 수 있는 전력(에너지)을 만들어낼 수 있다고 합니다. 한 가구가 한 달에

300kw의 전력을 쓴다고 가정했을 때 나오는 계산이라네요.

물론 만들어지는 에너지 양이 중요한 것은 아닙니다. 중요한 것은 물질과 에너지의 관계지요. 위의 식에서 질량은 어떤 물질의 본질적 속성입니다. m은 질량인 동시에 물질입니다.

무슨 일이 벌어지고 있는지 이해가 되나요? 현대 물리학의 대표 공식 $E=mc^2$은 그러니까 물질(m)과 에너지(E)가 서로 전환 가능함을 보여주는 겁니다.[5] 형상 없는 에너지가 형상 있는 물질이 되고, 형상을 가진 물질이 형상을 갖지 않은 에너지가 됩니다. 눈에 보이지 않는 '기'가 눈에 보이는 세상의 근원일 수도 있다는 얘기입니다.

아인슈타인의 공식을 기의 존재에 대한 증명으로 읽든, 아니면 그저 비유로 읽든 마찬가지입니다. 눈에 보이지 않는다고 그걸 함부로 내쳐서는 안 됩니다. 보이지 않는 것이 보이는 것을 만들어냅니다. 보이는 것도 언젠가 보이지 않게 됩니다.

어떤가요? 기의 실체가 조금은 감지되나요?

---

5 빅뱅 초기 초고온의 우주에서는 물질과 에너지를 구분하는 것 자체가 무의미하다는 게 현대 물리학의 설명이다.

제2부

사주 : 나, 시간, 운명

6강

어디까지
사주인가?

간략한 대로 오행·음양·기에 관한 설명을 마쳤습니다. 가히 강호인문학의 3대 원리라 할 만한 것입니다. 이제 각론으로 들어가도 무방할 것 같습니다.

사주(四柱)부터 시작하겠습니다. 사주는 앞서 배운 3대 원리 중 오행으로부터 비롯합니다. 시작도 오행이고, 끝도 오행입니다. 다른 건 없다고 무시해도 됩니다. 오행이 사람의 삶과 운명을 끌어들이며 펼치는 변주를 감상하면 됩니다. 그게 사주의 전부입니다. 10강으로 나누어 진행하겠습니다. 꽤 먼 길이 되겠네요.

가벼운 일화로 시작하겠습니다.

황당한 사주 풀이

좀 옛날 얘기이긴 한데, 한번 들어보시죠.

중년의 한 사내가 용하다는 역술인을 수소문했습니다. 야심을 가진 인물이었습니다. 세상을 뒤엎을 만한 거사를 준비하는 중이었지요. 거사에 앞서 자신의 명운을 점쳐보고 싶었습니다. 그러다가 용하다는 역술인을 하나 알게 됐습니다.

　주저할 이유가 없었지요. 곧바로 역술인을 찾아가 만납니다. 사내는 역술인을 마주했지만, 자신의 속내를 바로 드러내지 않습니다. 역술인의 내공부터 시험하고 싶었던 것이지요. 그래서 자신의 사주 말고, 준비해 간 다른 사주[6] 하나를 역술인에게 건넸습니다. 그리고 물었습니다.

　"이 사주 주인공의 장래가 어떨 것 같소?"

　역술인은 사주를 흘깃 보더니, 사내의 얼굴을 뚫어지게 쳐다봤습니다. 그러더니 다시 사주를 들여다봅니다. 건네받은 쪽지에 적힌 사주대로라면 사주의 주인공은 이제 갓 열 살을 넘겼을 뿐입니다. 그런데 사주쟁이의 입에서는 뜨악한 답변이 돌아옵니다.

　"장래는 무슨…, 이미 생사를 달리한 사주를 들고 와서는 무슨 수작이오?"

　사내는 놀랐으나 크게 당황하지 않았습니다. 입가에 뜻 모를 미소가 번지는 듯도 했습니다. 사내는 침착한 표정으로 입을 엽니다.

　"명불허전이군요. 사정이 있어서 그리했으니 너무 불쾌해 마시오."

　"무엇을 원하시는지?"

　"만약 살아 있다면 어찌 될 사주요? 어렵게 찾아왔으니 대답해주시

---

6 좁은 의미의 사주는 태어난 생년월일시다. 00년 0월 0일 0시를 60갑자로 표현하면 그게 사주다.

오. 중요한 일이라서 그러오."

역술인은 냉랭한 표정으로 의뢰인을 쳐다봤습니다. 그리고 가소롭다는 듯 말했습니다.

"내 비록 한가로운 점쟁이라고는 하나, 어찌 짐승의 명운까지 점치겠는가? 이만 물러가시오."

어디까지 믿을 것인가?

그렇습니다. 사주의 주인공은 사람이 아니었습니다. 얼마 전에 죽은 개였습니다. 사내는 역술인이 사주를 얼마나 잘 보는지 시험하기 위해 자신이 기르던 개 한 마리의 생년월일시를 적어 온 것이었습니다.

그다음엔 어떤 말이 오고 갔는지 기억나지 않습니다. 소설을 거기까지만 읽었습니다. 예전에 대하소설 『임꺽정』을 읽다가 본 얘기입니다. 허구인지 사실인지 알 수 없습니다. 벽초(임꺽정의 저자 홍명희)가 지어낸 얘기일까요? 저잣거리에서 실제로 들은 얘기를 채록하듯 소설에 녹여낸 것일 수도 있습니다. 어느 쪽이든 이 짧은 일화는 사주의 범위와 한계에 대해 생각하게 해줍니다.

사주를 흔히 명리(命理)라 부릅니다. '사주명리'라고 해서 사주와 명리를 함께 쓰는 경우도 많습니다. 미래 예측의 대표 주자이다 보니 사주를 운명[命]의 원리[理]와 동일시하는 관행이 생긴 것이겠죠. 그러다 보니 사주가 할 수 있는 일이 지나치게 확장된 느낌이 있습니다.

뭐랄까, 너무 신비스럽게 포장됐다고나 할까요?

『임꺽정』의 일화에서 역술인은 사주 주인공의 생몰을 단박에 알아냈습니다. 태어난[生] 시점만을 보고, 죽은[沒] 시점을 끄집어냈습니다. 나아가 사주의 주인공이 사람인지 짐승인지 맞추는 신통한 능력까지 보여줬습니다. 거의 천기누설의 수준이지요.

이게 가능할까요? 실제로 사주의 '교과서'를 표방하는 책들은 사주를 이용해 죽음의 시기를 예측하는 몇 가지 '기법'을 내놓기도 합니다. 차차 언급할 용어지만 대운(大運)과 세운(世運)과 십이운성(十二運星) 등이 한바탕 얽히고설키며 죽음의 시기를 내놓습니다.

벽초나 『임꺽정』 속 역술인에게 욕먹을지도 모르지만, 저는 그런 예측은 불가능하다고 단언합니다. 사주를 통한 죽음의 예측 말입니다. 그런 건 그저 입담 좋은 호사가의 사후약방문에 불과합니다. 어떤 유명 인사의 죽음을 그의 사후에 사주로 꿰맞추는 것일 뿐이죠. 하물며 사주만으로 사람과 개를 구분한다? 소설은 그냥 소설일 뿐입니다.

신점과 사주

신점이라면 뭐라 할 수 없습니다. 길모퉁이에 있는 점집 간판을 보면 사주 옆에 '신점'이라고 쓰인 경우가 있지요. 신점 간판만 내건 곳도 물론 있습니다. 어느 쪽이든 신점은 오행이니 뭐니 하는 다른 이론들을 필요로 하지 않습니다. 그냥 접신하면 됩니다.

가깝게는 우리나라의 무당, 멀게는 2,500년 전 그리스 델포이 신전[7]의 예언자를 생각해보십시오. 그들은 자신의 말을 하는 게 아닙니다. 신의 말을 대신 전해줍니다. 점의 원초적 형태라 하겠습니다. 무당이

---

7 고대 그리스의 델포이는 세상의 중심으로 통하던 곳이었다. 이곳 신전에서는 그리스의 다양한 신들 중에서 아폴론 신을 모셨고, 아폴론의 조언(신탁)을 얻기 위해 각지에서 사람이 몰렸다. 아폴론 신은 빛과 태양의 신, 이성과 예언의 신이었다.

나 예언자가 하는 말에는 어떤 한계란 게 있지 않습니다. 신이 내뱉는 말을 인간이 판단할 수는 없는 일이죠.

신 내림을 받은 역술인이라면 접신의 상태에서 죽음의 시기를 논하고, 사람과 짐승을 구분할 수도 있다고 생각합니다. 태어난 연월일시(사주) 같은 것도 필요 없습니다. 그저 얼굴 보고, 몇 마디 들어보는 것만으로 모든 것을 포착하는 게 신통력입니다.

신기하지만 놀랄 필요도, 또 이상하다고 비난할 필요도 없습니다. 공자가 귀신의 일에 입을 다물고, 칸트가 신과 영혼 등에 "그건 알 수 없다"는 입장을 취하는 것처럼, 우리도 판단을 유보하면 그만입니다. 어쨌든 부정할 일은 아니라고 생각합니다.

그러나 사주는 아닙니다. 우리가 논하고자 하는 사주는 어떤 이의 생년월일시를 이용해 그의 성격과 대체적인 운명을 예측하고자 합니다. 때론 가족관계나 결혼 등에 관해 언급할 수도 있습니다. 그게 어떻게 가능한지는 뒤에 살펴보겠지만, 어떤 경우든 그 판단은 오행의 확장선 위에 있습니다. 그게 사주의 범위고, 한계입니다.

오행이라는 제일(第一) 변수, 그리고 유일(唯一) 변수의 조화와 갈등 속에서만 그 모든 것을 파악한다는 것입니다. 죽음의 예측, 사람과 짐승의 구분 따위는 그 영역을 넘어갑니다. 그건 신통력으로 해결할 문제입니다.

사주에 관한 전설적 얘기는 사주의 폭넓고 큰 영향력을 방증합니다. 그러나 적어도 이 강의에서는 괜한 허풍과 호언은 쳐내면서 사주를 논할 생각입니다.

사주와 팔자, 그 본래의 뜻

이제 본격적으로 사주에 대한 얘기를 시작하겠습니다.

사주(四柱)와 팔자(八字)라는 용어가 무엇을 뜻하는지부터 확실히 해두고 넘어가야겠습니다. 좁은 의미의 사주·팔자와 넓은 의미의 사주·팔자를 구분해야 합니다. '좁은'이나 '넓은' 식의 구분은 참 재미없습니다. 대학교에서 배우는 '○○원론'이나 '○○개론'에나 나올 법한 얘기지요. 그러나 재미없어도 한 번은 구분하고 넘어가야 나중에 편합니다.

먼저 2015년 12월 4일 아침 7시에 태어난 아이가 있다고 치겠습니다. 이 아이의 생년월일을 주민등록번호 식으로 표현하면 앞자리는 '151204'가 됩니다.

그런데 앞자리의 경우 태어난 시간이 빠졌네요. 주민등록번호에 시간까지는 나오지 않으니까요. 시간까지 넣는다면 '15120407' 같은 모양새가 될 겁니다.

그런데 만약 조선 시대라면 어떨까요? 그렇게 표현했을 리가 없지요. 아라비아숫자도 없고, 예수 탄생을 기원 삼는 '2015년'에 대한 개념 자체가 없을 테니까요. 대신 이렇게 표기했습니다.

丁(정)	甲(갑)	丁(정)	乙(을)
卯(묘)	寅(인)	亥(해)	未(미)

이게 암호로 느껴지는 분도 있고, 그렇지 않은 분도 있을 겁니다. 암호로 느껴지는 분을 기준으로 설명하겠습니다.

오른쪽부터(왼쪽부터가 아닙니다!) 각각 연, 월, 일, 시를 나타냅니다.

을미(년), 정해(월), 갑인(일), 정묘(시)가 되는 것이지요. 어렵나요? 그렇다면 한자를 세로쓰기하던 시대를 상상해보십시오. 오른쪽에서부터 위에서 아래로, 오른쪽에서 왼쪽으로 글을 쓰던 시대 말입니다. 그리고 한자가 모두 8개죠? 그러니까 팔자(八字)입니다. 세로로 세워진 을미, 정해, 갑인, 정묘를 각각 하나씩의 기둥으로 보기도 합니다. 그럼 4개[四]의 기둥[柱]입니다. 그래서 사주(四柱)입니다.

좁은 의미로 사주와 팔자를 보면, 4개의 기둥과 8개의 한자를 뜻합니다. 넓은 의미로 보면 어떨까요? 일상적인 용법 그대로입니다. 말도 많고 탈도 많은 사람의 운명, 그 자체를 뜻합니다. 다른 게 없습니다. 좁은 의미에서 넓은 의미로 사주·팔자가 가는 길을 파악하면 됩니다. 그게 사주에 관한 공부입니다.

그런데 좁은 의미의 사주·팔자를 어떻게 뽑아야 할까요? 자, 이 시점에서 만세력(萬歲曆)이란 게 필요해집니다. 다음 강에서 계속하겠습니다.

7강

희한한
달력에 관한
이야기
(60갑자)

요즘 사주 볼 줄 아는 분들 많습니다. 고수를 자처하는 이들이 내놓은 매뉴얼도 많고, 여기저기 문화센터 강좌도 여럿입니다. 독학하는 사람들도 꽤 있습니다. 사람 여럿 모이면 그중에 사주 공부한 사람이 한둘은 꼭 끼어 있는, 그런 시절이 됐습니다. 그래서 이런 풍경이 왕왕 벌어집니다.

책 보고 누가 못해?

"사주 볼 줄 안다면서?"

"뭐, 조금."

"연말인데 내 것 좀 봐줘."

마지막 대사는 버전이 여럿입니다. 승진이나 이직을 앞두고 있어서, 연애가 잘 안 풀려서, 아니면 총체적으로 살기가 어려워서 사주를 봐

달라고 할 수 있습니다. 그럼 부탁을 받은 지인은 무언가 생각하는 표정을 짓는 경우가 많습니다. 아마 속으로 이런 생각을 할지 모릅니다.

'복채는 주는 거니?'

물론 복채를 못 받아도 자신의 공부 정도도 테스트할 겸 봐주는 경우가 대부분입니다. 봐주기로 마음먹었으니 인자한 웃음을 지으며 고민에 빠진 친구에게 말합니다.

"그래, 생년월일시 줘봐."

"양력도 괜찮아?"

"물론."

"아, 그런데 태어난 시간이 좀 정확하지가 않아. 새벽 해 뜰 때쯤이었다고 어머니가 그러시긴 했는데….

사주 학인(學人)은 속으로 생각합니다.

'대강 해라. 어차피 족집게처럼 맞출 것도 아니다.'

고민 상담자는 주섬주섬 생년월일시를 내밉니다.

그런데 그때쯤 사주 학인은 가방이나 재킷 안주머니에서 조그마한 책자 하나를 꺼내기 마련이지요. 의뢰인은 실망했다는 듯 푸념합니다.

"에이, 책 보고 하는 거야? 책 보고 누가 못해?"

만세력

책을 보고 하는 게 아닙니다. 섣부른 비난은 자제해야 합니다. 행여 친구가 꺼내 든 책을 자신이 건네받는다 해도 무슨 뜻인지 전혀 모를 겁니다. 되레 당황스러울 수 있습니다. 왜냐하면 흔한 달력처럼 보이기 때문입니다.

이것이 바로 '만세력'이라고 하는, 좀 희한한 달력입니다. 넓은 의미의 사주, 즉 운명을 보기 위해선 좁은 의미의 사주인 사주팔자(四柱八字)를 먼저 뽑아야 한다고 했습니다. 사주를 뽑는다는 것은 아라비아 숫자와 서기로 표시된 생년월일시를 한자 8개로 치환하는 것입니다. 그런데 치환하려면 당연히 무언가 필요합니다. 요즘 달력과 비교할 수 있는 옛날식 달력이 있어야 하겠지요. 그게 만세력입니다.

사주를 보려면 현대식 생년월일을 옛날식 생년월일로 바꿔야 하고, 그러자면 만세력을 들추어야 합니다. 날짜 치환을 위해서 달력을 참고하는데 왜 책 보고 하느냐고 달려들면 곤란합니다. 사주 절대 안 봐줍니다.

그 친구가 못나서 만세력을 들여다보는 게 아닙니다. 전설의 절대고수가 다시 살아와도, 만세력이 없으면 사주는 못 봐줍니다.

이와 관련해서 유명한 일화가 하나 있습니다. 벌써 30년이나 지난 이야기네요. 1979년 12·12사태 때 일입니다.

12·12 며칠 후 신군부는 대전으로 군인 몇 명을 보냅니다. 당대 최고의 명리연구가로 꼽히던 도계 박재완[8]을 만나기 위해서였습니다. 그런데 그냥 만나기만 한 게 아니라, 얼굴을 보자마자 납치하듯 서울 경복궁 근처 안가로 도계를 끌고 왔습니다.

"거사의 행로가 어찌 될지 빨리 풀어보시오."

자신들, 그러니까 신군부 주체의 운명이 궁금했던 것입니다. 당연히 궁금했겠죠. '도 아니면 모'인 도박과 같은 싸움을 저질러놓은 상태

---

8 도계 박재완(1903~1992)은 자강 이석영(1920~1983), 제산 박재현(1935~2000)과 함께 한국 명리학계의 '빅3'로 불렸다.

였으니 말입니다.

그런데 박재완은 한발 물러섭니다. 사주를 풀 수 없다는 것입니다. 신군부의 반란에 반감을 가졌다거나 하는 정치적 이유 때문이 아니었습니다. 서울로 갑자기 끌려오느라 만세력을 채 챙겨오지 못했기 때문입니다. 박재완은 서울에서 역술원을 하던 제자에게 만세력을 갖고 오게 한 연후에야 신군부 주체 세력의 사주를 풀어줄 수 있었습니다.

이게 이렇습니다. 당대 최고의 고수도 만세력이 없으면 사주 못 풉니다.

60갑자

만세력을 펼쳐보면 수십 년 혹은 백여 년에 걸친 날짜 하루하루에 60갑자가 순환하며 빼곡하게 채워져 있습니다.

그러면 60갑자가 무엇입니까? 2015년은 을미(乙未)년, 2016년은 병신(丙申)년, 2017년은 정유(丁酉)년 하는 식으로 돌아가는 게 60갑자입니다. 60을 단위로 무한 순환합니다.

만세력은 해마다, 달마다, 날마다, 시(時)마다 60갑자를 교차시킵니다. 그중 해와 날은 별다른 장치 없이 60갑자를 계속 돌립니다. 달과 시는 약간 다릅니다. 달은 해의 갑자에 따라, 시는 날의 갑자에 따라 정확한 갑자가 정해집니다. 만세력은 대개 연월일시 중 시의 갑자만 공란으로 남겨두고 있는데, 만세력이 제공하는 간단한 팁을 따르면 문제없이 그 공란을 채울 수 있습니다. 그렇게 약간의 팁과 60갑자를 알면 만세력을 활용할 수 있습니다. 누구나 현대식 생년월일시를 60갑자식 생년월일로 바꿀 수 있다는 얘기입니다.

이쯤 해서 60갑자를 한 번은 기록하고 넘어가는 게 좋을 듯합니다.

甲子 (갑자)	乙丑 (을축)	丙寅 (병인)	丁卯 (정묘)	戊辰 (무진)
己巳 (기사)	庚午 (경오)	辛未 (신미)	壬申 (임신)	癸酉 (계유)
甲戌 (갑술)	乙亥 (을해)	丙子 (병자)	丁丑 (정축)	戊寅 (무인)
己卯 (기묘)	庚辰 (경진)	辛巳 (신사)	壬午 (임오)	癸未 (계미)
甲申 (갑신)	乙酉 (을유)	丙戌 (병술)	丁亥 (정해)	戊子 (무자)
己丑 (기축)	庚寅 (경인)	辛卯 (신묘)	壬辰 (임진)	癸巳 (계사)
甲午 (갑오)	乙未 (을미)	丙申 (병신)	丁酉 (정유)	戊戌 (무술)
己亥 (기해)	庚子 (경자)	辛丑 (신축)	壬寅 (임인)	癸卯 (계묘)
甲辰 (갑진)	乙巳 (을사)	丙午 (병오)	丁未 (정미)	戊申 (무신)
己酉 (기유)	庚戌 (경술)	辛亥 (신해)	壬子 (임자)	癸丑 (계축)
甲寅 (갑인)	乙卯 (을묘)	丙辰 (병진)	丁巳 (정사)	戊午 (무오)
己未 (기미)	庚申 (경신)	辛酉 (신유)	壬戌 (임술)	癸亥 (계해)

위와 같이 60개의 기호가 한없이 돌고 도는 게 만세력의 세계입니

다. 단순하기 짝이 없으나, 사주 풀이의 신비를 품은 보물창고라고 할 수 있습니다.

천간과 지지, 그리고 오행

60갑자는 초중고 시절 한 번쯤은 외웠던 천간(天干)과 지지(地支)의 조합입니다.

먼저 열 개의 천간을 보겠습니다. 이를 십간(十干)이라고 합니다.

甲 (갑)	乙 (을)	丙 (병)	丁 (정)	戊 (무)	己 (기)	庚 (경)	辛 (신)	任 (임)	癸 (계)

그리고 열두 개의 지지. 이를 십이지(十二支)라고 합니다.

子 (자)	丑 (축)	寅 (인)	卯 (묘)	辰 (진)	巳 (사)	午 (오)	未 (미)	申 (신)	酉 (유)	戌 (술)	亥 (해)

천간과 지지의 탄생 배경은 별자리와 관계됩니다. 그런데 현대적인 시각에서 약간 억지스러운 면이 있습니다. 억지스럽다기보다 무의미한 기호끼리 연결하는 식이 되고 맙니다. 그래서 취급하지 않겠습니다.

다만, 천간과 지지, 그리고 오행의 관계를 미리 짚고 넘어갈까 합니다. 천간과 지지의 각 요소는 모두 '목·화·토·금·수' 오행에 하나씩 배정됩니다. 사주의 전 체계를 관통하는 중요한 요소입니다.

이 부분에서 암기가 필요합니다. 암기를 두려워하거나 거추장스럽게 생각하지 않았으면 합니다. 암기는 때론 이해를 능가하는 무기가 됩니다. 그래도 외는 게 진짜 싫다면 『천자문』에 『논어』를 통째로 외던 우리 선조들을 생각하면서라도 외셔야 합니다!

자, 이제부터 외겠습니다.

외지 않으면 다음 페이지로 넘어가지 않는 게 좋습니다. 의미·무의미를 따지지 않았으면 합니다. 옛날 사람들이 공부하던 대로 소리 내 외십시오.

먼저 천간과 오행의 관계입니다. 아래에 쓴 대로입니다. 천간 중 '갑을'은 '목'에, '병정'은 '화'에, '경신'은 '금'에, '임계'는 '수'에 배정됩니다.

甲乙 (갑을)	丙丁 (병정)	戊己 (무기)	庚辛 (경신)	任癸 (임계)
木(목)	火(화)	土(토)	金(금)	水(수)

다음 지지와 오행 차례입니다. 이번엔 방식이 달라집니다. '자축'부터 시작하지 않고, '인묘진'으로 시작합니다. 인묘진, 사오미, 신유술, 해자축으로 욉니다.

寅卯辰 (인묘진)	巳午未 (사오미)	申酉戌 (신유술)	亥子丑 (해자축)	辰未戌丑 (진미술축)
木(목)	火(화)	金(금)	水(수)	土(토)

'인묘'는 '목', '사오'는 '화', '신유'는 '금', '해자'는 '수'에 배정됩니다. 맨 오른쪽의 '진미술축'은 모두 '토'에 해당합니다. 단, '진'은 인묘의 '목'을, '미'는 사오의 '화'를, '술'은 신유의 '금'을, '축'은 해자의 '수' 기

운을 부분적으로 함유합니다.

사주를 보기 위해서는 위의 천간과 오행, 지지와 오행의 관계는 꼭 외워야 합니다.

스마트폰으로 사주 뽑기

이제 사주를 뽑아볼 차례입니다. 그러니까 앞서 6강에서 '2015년 12월 4일 아침 7시'를 '을미년 정해월 갑인일 정묘시' 형식으로 바꿔 표현한 적이 있습니다. 정확히는 이런 식이었습니다.

丁 (정)	甲 (갑)	丁 (정)	乙 (을)
卯 (묘)	寅 (인)	亥 (해)	未 (미)

오른쪽부터 연월일시라고 했습니다. 오른쪽부터 위에서 아래로 읽으면 '을미년 정해월 갑인일 정묘시'가 되는 것입니다.

자, 이제 실전입니다. 만세력을 펼치십시오!

그러나 아쉽게도 만세력을 갖고 있는 분 거의 없을 줄로 압니다. 그러나 걱정할 필요는 없습니다. 만세력은 그냥 달력입니다. 스마트폰의 앱스토어에 들어가면 무료로 제공되는 만세력이 여럿입니다. 그중 하나를 다운로드하면 됩니다. 책자로 된 만세력은 '시(時)'의 천간을 매뉴얼에 따라 매번 수동으로 맞춰야 하는 불편이 있습니다. 스마트폰 만세력은 연월일시를 옛날식으로 깔끔하게 치환해줍니다.

미룰 게 아니네요. 지금 바로 해보지요. 스마트폰 앱스토어에 들어갑니다. '만세력'을 칩니다. 만세력 앱이 여러 개 뜨지요? 제 경우는 원광디지털대학교에서 만든 '원광만세력'이 제일 먼저 뜨네요. 다른 것도 물론 무방합니다. 다운로드하여 설치합니다.

그리고 자신의 생년월일시를 입력합니다. 굳이 음력 생일을 찾을 필요는 없습니다. 그냥 '양력'을 선택하고 자신의 양력 생일을 입력하면 됩니다. 요즘은 설날이나 추석 같은 명절과 그 외 몇 가지를 제외하고는 음력을 잘 사용하지 않습니다. 생일을 음력 날짜로만 알고 계신다면 음력을 입력해도 됩니다. 만세력 프로그램이 편한 건 바로 다 알아서 변환시켜주기 때문이니까요. 물론 태어난 시간도 확인해야 합니다. 지금, 입력했나요? 꼭 직접 해봐야 합니다!

이 책을 읽는 분들은 대개 20세기에 태어났을 겁니다. 1900년대 생이란 얘기지요. 자, 그럼 저도 1900년대에 태어난 지인의 생년월일시를 직접 입력해보겠습니다.

1977년 6월 7일 저녁 7시

만세력에 뜬 것을 정리하니 이렇습니다.

乙 (을)	乙 (을)	丙 (병)	丁 (정)
酉 (유)	未 (미)	午 (오)	巳 (사)

오른쪽부터 연월일시니, '정사년 병오월 을미일 을유시'가 됩니다.

'1977년 6월 7일 저녁 7시'의 60갑자식 표현입니다.

여러분도 무리 없이 연월일시 4개의 축에 배치된 글자 8개를 뽑았을 것입니다. 그게 바로 여러분의 사주팔자(四柱八字)입니다. 이제 그 사주를 해독하는 법을 배우기만 하면 됩니다.

8강

사주
보는 법 1

사지사지 귀신통지(思之思之 鬼神通之)란 말이 있습니다. '생각하고
또 생각하면 귀신과 통한다, 아무리 어려운 문제라 해도 궁리를 거듭
하다 보면 해답이 나온다, 귀신이 도와준다.' 뭐, 그런 뜻입니다.

앞으로 두 강의를 통해 사주 보는 법을 설명하려고 하는데, 이것도
마찬가지입니다. 앞서 만세력을 통해 직접 사주를 뽑아봤습니다. 그것
을 신줏단지 모실 때 심정으로 곁에 두십시오. 그리고 궁리하십시오.
8개의 한자, 4개의 기둥은 가만 놔두면 그저 추상적 기호에 지나지 않
습니다. 하지만 궁리하면 삶과 관련된 풍성한 의미를 쏟아냅니다.

이제부터 사주를 갖고 놀아보겠습니다.

워밍업_ 태어난 해를 주목하라!

나의 성격과 운명을 어떻게 포착할 것인가? 지금부터 그 궁리를 시

작합니다!

  재료는 오로지 사주와 팔자, 4개의 기둥으로 배열한 8개의 한자뿐입니다. 그 외에는 아무것도 없습니다. 8개의 기호로 삶을 얘기해야합니다. 가능할까요? 왕도는 없습니다. 8개의 기호에서 어떤 식으로든 의미를 뽑아내면, 그게 사주를 푸는 것입니다.

  앞 강의에서 뽑은 사주 '정사년 병오월 을미일 을유시'를 배열해보겠습니다. 제 지인의 생년월일시 '1977년 6월 7일 저녁 7시'를 만세력을 통해 60갑자 형식으로 치환한 것입니다.

乙 (을)	乙 (을)	丙 (병)	丁 (정)	천간
酉 (유)	未 (미)	午 (오)	巳 (사)	지지

  가장 초보적인 방법은 태어난 해의 지지(아랫줄입니다. 윗줄은 천간입니다)에 주목하는 것입니다. 나머지는 과감히 지웁니다. 여러분도 자신의 사주를 종이에 써놓고 따라 해보는 게 좋을 것 같습니다.

乙 (을)	乙 (을)	丙 (병)	丁 (정)	천간
酉 (유)	未 (미)	午 (오)	巳 (사)	지지

巳(사)만 남았습니다. 이 글자에 어떤 의미가 있을까요?

12개의 지지는 각각 상징 동물 하나씩을 갖습니다. 우리가 흔히

'띠'라 칭하는 것입니다. 돼지띠, 말띠, 소띠 할 때 그 띠입니다. 십이지와 동물의 관계는 이렇습니다.

寅 (인)	卯 (묘)	辰 (진)	巳 (사)	午 (오)	未 (미)	申 (신)	酉 (유)	戌 (술)	亥 (해)	子 (자)	丑 (축)
호랑이	토끼	용	뱀	말	양	원숭이	닭	개	돼지	쥐	소

다시, '자'가 아닌 '인'부터 시작했습니다. 사주에서는 십이지를 '자축인묘…'가 아닌 '인묘진 사오미 신유술 해자축' 순서로 배열한다고 했습니다. 순서야 어쨌든, '사'는 뱀입니다. 주인공은 뱀의 해에 태어났습니다.

뱀은 찹니다. 평소엔 소리 없이 은밀하게 땅을 기어 다닙니다. 그러나 먹잇감이 나타나면 번개처럼 기민해집니다. 일이 끝나면 조용히 흔적 없이 사라집니다. 뱀의 해에 태어난 사람의 특성도 그렇게 평가할 수 있습니다. 평소엔 은밀하게 움직입니다. 중요한 일이 생기면 발 빠르게 포착해 속전속결로 끝냅니다. 속으로 냉혹함을 감추고 있습니다.

이런 식이라면 호랑이의 해에 태어나면 용맹하고, 토끼의 해에 태어나면 겁이 많다고 평가할 수 있을 겁니다. 말띠는 거침없고, 소띠는 눅진합니다.

어떤가요? 아무래도 좀 싱겁지요?

띠의 기준은 입춘

여기서 잠깐 띠, 그리고 만세력과 관련해 약간의 보충설명을 하겠습니다. 제가 앞서, 사주를 뽑을 때 굳이 음력 생일이 필요한 건 아니라고 말씀드렸습니다. 그건 만세력이 기본적으로 음력이 아닌 양력의 체계이기 때문입니다. '옛날에도 양력의 개념이 있었을까?' 생각하실 수 있습니다. 예, 있었습니다. 바로 24절기가 양력의 체계이지요. 그리고 사주 풀이와 그 사주 풀이의 기본이 되는 만세력에서 일 년의 시작점은 바로 24절기의 시작인 입춘입니다. 그리고 입춘은 대개 양력 2월 4일(태양의 위치에 따르는데 간혹 2월 5일인 경우도 있습니다)입니다. 그러니까 한 사람의 띠 역시 양력 1월 1일이나, 음력 1월 1일이 아니라 입춘인 양력 2월 4일을 기준으로 바뀝니다. 띠의 기준이 이렇게 입춘이기 때문에 띠를 정하는 데 혼란이 오기도 합니다.

제 지인 한 분은 생일이 1969년 2월 7일이었는데, 한동안 자신의 띠를 원숭이띠로 알고 있었습니다. 음력으로 따지면 1968년 12월인데, 띠는 당연히 음력을 기준으로 해서 산출한다고 생각했기 때문입니다. 1968년은 무신(戊申)년으로 원숭이[申]의 해이니까 그렇게 생각하실 만했습니다.

그런데 만세력 상으로 원숭이의 해와 닭의 해를 가르는 기준은 양력 2월 4일(입춘)입니다. 이 분은 1969년 2월 4일을 지나서 태어났기 때문에, 원숭이띠가 아니라 닭띠인 겁니다. 예를 들어 이 분 생일이 양력 2월 1일이었다면 원숭이띠가 맞습니다. 입춘이 안 지났으니까요. 음력으로 1968년이니까 당연히 원숭이띠라 생각했던 건 사주 풀이 상으로는 잘못된 것입니다.

자, 이제 다시 사주 푸는 방법에 대한 얘기를 계속하겠습니다.

진입 장벽

사주를 푼다는 게 대단한 일은 아닙니다. 단 하나의 방법이 있어야 하는 것도 아닙니다. 8개의 기호(팔자)에서 어떤 식으로든 운명적 함의를 찾아내면 됩니다. 8개의 기호 중 7개를 지우고 지지의 동물 한 가지로 그 사람의 특성을 파악하는 것도 방법은 방법입니다. 그런데 재미가 없습니다.

그리고 이 정도는 누구나 합니다. 동물 12마리만 외면, 그 동물의 특성 따위야 대강 읊조릴 수 있습니다. 〈동물의 왕국〉 같은 TV 다큐멘터리만 즐겨 봐도 모두 사주 해설가를 자처할 수 있을 겁니다. 이런 단순한 체계가 오래갈 리 없지요. 더구나 사주 풀이를 직업으로 삼는 이들이 있다면 이건 재미의 문제만은 아닙니다. 생계가 걸린 문제입니다.

어떤 전문가 집단이든 모종의 '진입 장벽'을 필요로 합니다. 자신들을 아마추어와 구분하는 경계선이 필요합니다. 프로와 아마추어의 경계는 어떤 지식 체계가 발전하는 사이 자연스럽게 생겨납니다. 그러나 의도적으로 만들어지기도 하지요.

병원에서 의사가 내뱉는 용어, 진료 기록지에 휘갈기는 용어를 생각해보십시오. 좁은 진료실의 그 기이하고 낯선 풍경 말입니다. 그리고 한 번쯤은 가봤을 점집을 함께 떠올려보십시오. 전문용어를 내뱉고 또 휘갈기고, 무언가 비슷한 분위기 아닙니까? 그런 것이 '진입 장벽'입니다.

그런데 달랑, 그것도 태어난 해만으로 사주를 해설한다면 누구나 달려들 겁니다. 너도나도 역술인에 명리연구가를 하겠다고 나서겠지요. 진입 장벽은 간단한 문제가 아닙니다. 한 조직, 전문 시스템이 유지될 수 있는 핵심적인 요소이기도 합니다.

사주 해설은 그래서 운명적으로 복잡해질 수밖에 없습니다.

오행의 구성을 살핀다

이제 슬슬 오행이 본격적으로 등장하기 시작합니다. 전문가 집단을 표방한 사주 해설가들은 8개의 기호를 모두 '목·화·토·금·수' 오행으로 바꿉니다. 천간(십간)과 지지(십이지)가 오행과 어떻게 연관이 되는지는 다 외고 계실 테니 그대로 바꾸면 됩니다, 하고 말하면 당황스럽겠지요? 미처 외우지 못하신 분들을 위해 다시 한 번 정리해드리겠습니다.

천간	甲乙 (갑을)	丙丁 (병정)	戊己 (무기)	庚辛 (경신)	任癸 (임계)
	木	火	土	金	水
지지	寅卯辰 (인묘진)	巳午未 (사오미)	申酉戌 (신유술)	亥子丑 (해자축)	辰未戌丑 (진미술축)
	木	火	金	水	土

지지는 '인묘·사오·신유·해자'가 각각 '목·화·금·수'에 해당합니다. '진미술축'은 기본적으로 '토'의 기운에 각각 '목·화·금·수'의 기운을 부분적으로 지닙니다. 그냥 토 기운으로 생각해도 큰 문제는 없습니다.

제 지인의 사주는 이렇게 치환됩니다.

乙 (을)	乙 (을)	丙 (병)	丁 (정)	천간
酉 (유)	未 (미)	午 (오)	巳 (사)	지지

↓

木 (목)	木 (목)	火 (화)	火 (화)	천간
金 (금)	土 (토)	火 (화)	火 (화)	지지

'화'가 네 개, '목'이 두 개, '금'과 '토'가 한 개씩입니다. '수'는 없습니다.

아무래도 눈에 띄는 것은 불을 나타내는 '화'입니다. 불은 한번 시작되면 걷잡을 수 없이 활활 타오릅니다. 그러나 갑작스럽게 꺼지기도 합니다. 사주에 '화'를 많이 가지면 다혈질일 소지가 큽니다. 게다가 '목'도 두 개나 됩니다. 안정적인 땔감까지 확보하고 있습니다.

'수'가 없는 게 아쉽긴 하네요. '수'는 흐르는 물처럼 부드럽고 지혜롭습니다. 그런 오행의 기운이 없으니 상황에 대처하는 면에서 유연성이 떨어질 수도 있겠습니다.

단순해서 오래간다

모양새를 좀 더 갖추기는 했습니다. 그러나 진입 장벽이 썩 훌륭하다고 보긴 어렵습니다. 주어진 사주를 오행으로 치환하고, 오행 각각의 숫자만 파악하면 됩니다. 그럼 누구라도 웬만큼은 사주 해설을 시도할 수 있습니다.

물론 이 정도 체계로 전문가 집단이 유지되긴 어렵습니다. 그러나 특유의 단순함, 그리고 오행의 폭넓은 변화 가능성으로 오랫동안 생명을 유지하고 있는 해설 방식입니다. 사실은 현역으로 활동하는 21세기의 대한민국 역술인 중에도 이 정도 차원에 머물고 있는 분이 꽤 있습니다.

폄하하려는 건 아닙니다. 점치는 분 중엔 애초에 신 내림을 받고 신점을 주로 보는 분들이 있습니다. 하지만 이 분야도 비즈니스인지라 고객 확보를 위해 종목을 다양화해야 합니다. 그러자면 간판에 사주를 내걸지 않을 수 없습니다. 그리고 내걸자면 배워야 합니다.

그런데 사주의 여러 기법을 제대로 배우려면 고도의 집중과 암기가 필요하지요. 젊은 분들이야 괜찮지만, 마흔 살이 넘어가면 집중이나 암기 같은 것이 잘 안 됩니다. 제가 그 나잇대라서 아는데, 정말이지 잘 안 됩니다.

그런 분들에게 오행의 구성을 살피고, 그 구성으로 사주를 풀이하는 방식은 참 맞춤합니다. 게다가 어차피 그들의 전공은 신점입니다. 사주 해설은 구색을 갖추는 것만으로 충분합니다. 어차피 그들에게 중요한 것은 신 내림의 수준과 내공입니다. 초보적 오행의 적용, 그리고 적당한 변통이면 충분합니다.

어쨌든 그거야 접신한 분들 얘기고, 사주 해설을 전문으로 하는 집단은 이 정도로는 먹고살 수 없습니다. 백척간두 진일보(百尺竿頭 進一步)라고들 합니다. 한발 더 나가야지요. 이 정도에서 만족하면 안 됩니다. 한 걸음만 더 디디면 다른 세상이 보입니다.

다음 강에서 한 걸음 더 나아가겠습니다.

참, 여러분도 자기 사주를 직접 오행으로 치환해보았지요?

꼭 해보셔야 합니다! 그래야 사주 풀이를 향한 다음 강의 이야기들을 좀 더 쉽게 이해할 수 있습니다. 머릿속으로만 아는 것과 직접 풀어보는 것에는 큰 차이가 있는 법입니다.

9강

사주
보는 법 2

시대 전체가 답답할 때가 있습니다. 답보(踏步)와 상투(常套)가 한 시대의 정신을 잡고 놓지 않는 그런 시절입니다. 발전은 없고, 정체만 계속됩니다. 모든 이론은 모방을 일삼고, 정신은 독창성을 상실한 그런 시절입니다.

천재는 주로 이럴 때 나타나지요. 홀연히 나타나서는 일거에 한 시대의 숨통을 틔워주는 것입니다. 셰익스피어처럼, 아인슈타인처럼 말입니다.

좀 거창하다 싶네요. 그러나 사주의 역사에서도 그런 천재가 있었습니다. 누군가 체계 전체를 새로운 단계로 진입시켰습니다. 그 혁명 같은 변화를 살피기 전에, 사주의 구성을 잠깐이나마 꼼꼼히 살펴봐야 할 것 같습니다.

사주는 나잇대별로 전개된다?

사주는 4개의 기둥이라고만 하고 넘어갔는데, 좀 더 구체적으로 따져볼 게 하나 있습니다. 4개의 기둥이 가진 속성에 차이는 없을까요? "이게 도대체 무슨 소리야?" 할 것 같습니다. 먼저 도표 하나를 만들겠습니다.

시주	일주	월주	연주
자식	나, 배우자	부모, 형제	조상
노년기	중·장년기	청년기	유·소년기

오른쪽부터 사주, 즉 4개의 기둥입니다. 연주(年柱)→월주(月柱)→일주(日柱)→시주(時柱)입니다. 이 4개의 기둥에 시간적 의미, 즉 세월의 속성을 부여하기도 합니다.

연주는 먼 과거의 일입니다. 주로 할아버지와 할머니 대(代) 조상들의 운명이 어떠했는지 연주가 알려준다는 거죠. 연주로부터 내려오면서 월주는 부모와 형제, 일주는 나와 배우자, 시주는 내 자식들의 운명을 알려준다고 해설하는 경우가 있습니다.

범위를 '나' 개인으로 좁힐 수도 있습니다. 이 경우에는 연주가 유·소년기, 월주가 청년기, 일주가 중·장년기, 시주가 노년기의 운명과 관련 있는 것으로 풀이됩니다.

너무 도식적이란 생각 들지 않으시나요?

저 개인적으로는 이런 도식을 별로 좋아하지 않습니다. 너무 기계적인 방식의 설명이기 때문입니다. 그러나 짚고 넘어갈 문제는 있습니다. 바로 태어난 날의 기둥, 즉 일주의 중요성입니다. 가문을 생각할 때 일주는 나 자신을 뜻했습니다. 한 사람의 인생을 염두에 둘 때는 중·장년기였습니다.

생각해보십시오. 부모님도 중요하고, 자식들도 중요하지만 가장 중요한 건 어쨌든 자기 자신입니다. 이걸 이기적이라고 할 순 없겠죠? 그리고 이건 개인의 가치에 따라 다를 수 있지만, 인생의 여러 국면 중에서 중·장년기만큼 중요한 때가 없다고 생각합니다. 청년기는 실수도 잦고 섣부르기도 한 시절이고, 노년기는 죽음을 준비해야 하는 시기입니다. 그러나 중·장년기는 그야말로 자신이 만들어낸 자신의 삶입니다.

그 정도만 생각하시면서 4개의 기둥에 대한 얘기 계속 들어주셨으면 합니다.

너무 추상적인 연주와 일주

4개의 기둥에 대해 조금 더 면밀한 관찰을 해보겠습니다.

이제야말로 4개의 기둥, 8개의 간지(干支)의 속성에 관한 설명을 드리려는 참입니다. 무슨 얘기인가 하면, 구체적인 특성을 담고 있는 간지가 있고, 그렇지 못한 간지가 있다는 말입니다. 좀 복잡해지는 느낌인가요?

결론부터 말씀드리자면 월주와 시주는 구체적이고, 연주와 일주는 추상적입니다. 좀 더 들어가 보지요.

시주	일주	월주	연주	사주
시간	일간	월간	연간	간지
시지	일지	월지	연지	

8개의 간지 중 월지와 시지는 우리 일상의 시간 감각과 결부돼 있습니다. 하루가 어떻게 전개되고, 계절이 어떻게 진행되는지 알려줍니다. 봄·여름·가을·겨울 계절의 특성을 반영하고, 아침·낮·밤의 기온과 명암의 차이를 함축한다는 것입니다.

寅卯辰 (인묘진)	巳午未 (사오미)	申酉戌 (신유술)	亥子丑 (해자축)
봄-오전	여름-낮	가을-오후	겨울-밤

더 정확히 풀이하면 '인'은 2월인 동시에 새벽 3~5시, '묘'는 3월인 동시에 아침 5~7시를 나타냅니다. '오'는 6월이면서 낮 11~1시가 되고, '자'는 12월이면서 밤 11~1시가 되는 식입니다. 그래서 월주와 시주를 구체적인 것이라고 한 것입니다.

그런데 연주와 일주는 그렇지 못합니다. 계속 흘러가는 해와 날에는 온도·명암처럼 감각하고 인지할 수 있는 특성이 없습니다. 60갑자의 처음인 갑오년과 계해년, 갑오일과 계해일 사이에는 일상적 감각이 개입될 여지가 없습니다. 계절도 없고, 밤낮도 없습니다. 그냥 계속 돕니다.

연주와 일주는 그런 의미에서 추상적입니다. 특히 천간과 지지를 구분할 경우, 하늘의 기운인 천간이 땅의 기운인 지지에 비해 일상과 괴리될 수밖에 없습니다. 연주의 연간, 일주의 일간은 그래서 더욱 추상적으로 되고 맙니다.

한 천재의 폭탄선언 '문제는 일간!'

이제 천재가 나타날 차례입니다.

옛사람들은 연월일시를 사주로 치환해놓고, 궁리에 궁리를 거듭했습니다. 가장 초보적인 방법은 연지를 추출해 거기에 동물의 특성을 부여하는 것이었습니다. 호랑이, 토끼, 용 등 온갖 동물의 특성에 사람의 특성을 결부시켰습니다.

그러나 그것만으론 부족하다 싶어 오행을 끌어들였지요. 8개의 간지를 '목·화·토·금·수' 오행으로 환산해 구성을 살핀 것입니다. '목' 기운이 많은 사람은 이런 성격이고, '화' 기운이 많은 사람은 저런 운명이란 식으로 해설한 것이죠.

그리고 한발도 나아가지 못했습니다. 비웃음을 샀습니다. 무게 잡고, 생년월일시에 담긴 비밀을 풀어준다고는 했는데, 이건 너무 쉽습니다. 그리고 간단합니다. 상투적이고 뻔한 해설입니다. 이론에 진전도 없습니다. 그리고 진입 장벽이랄 것도 없습니다. 전문가 집단은 무너질 위기에 처합니다.

"그 정도 해설이라면 누가 못 해!"

"두 시간만 배우면 누구나 하겠다!"

그런데 수백 년 전 한 천재가 나타나더니 청천벽력 같은 선언을 했습니다.

"사주에서 가장 중요한 것은 일간이다!"

일간이라…. 일간은 월지(계절)나 시지(밤낮)와 달리 어떤 감각적·인지적 특성도 갖지 못합니다. 그냥 매번 60갑자로 돌리는 하루하루의 천간일 뿐입니다. 일상과 무엇인가 연결할 고리를 갖지 못한 추상적 기호입니다.

그런데 한 천재가 "사주는 일간을 중심으로 풀이해야 한다!"고 폭탄선언을 했습니다. 그 순간 사주 체계 전체가 추상화됩니다. 그리고 이 같은 추상화는 예상치 못한 효과를 만들어냅니다. 사주 체계를 비웃음과 아마추어리즘으로부터 지켜주는 진입 장벽을 쳐주게 된 것입니다. 사주가 전문가의 영역으로 확 끌어올려집니다.

월주와 시주는 만세력이 없어도 어느 정도는 파악 가능합니다. 봄·오전이면 인묘진의 지지를, 여름·낮이면 사오미의 지지를, 가을·오후면 신유술의 지지를, 겨울·밤이면 해자축의 지지를 갖게 되기 때문입니다. 월간과 시간은 몰라도 월지와 시지는 머리로도 짚어낼 수 있습니다.

그러나 일지도 그렇지만, 일간은 만세력 없이는 오리무중입니다. 감각적 특성과는 무관하게 매일매일 돌고 돌 뿐입니다. 만세력이라는 '전문 도구'가 있어야만 파악 가능한 것입니다.

다섯 가지 인간형

이론이 번잡해졌습니다. 중간 점검을 하겠습니다. 다시 지인의 사주(70쪽)를 불러와 보겠습니다.

참, 여러분도 본인의 사주로 잘 따라오고 있지요?

乙 (을)	乙 (을)	丙 (병)	丁 (정)	천간
酉 (유)	未 (미)	午 (오)	巳 (사)	지지

⬇

乙 (을)	乙 (을)	丙 (병)	丁 (정)	천간
酉 (유)	未 (미)	午 (오)	巳 (사)	지지

⬇

木 (목)	木 (목)	火 (화)	火 (화)	천간
金 (금)	土 (토)	火 (화)	火 (화)	지지

일간 '을'만 남았습니다. 을을 그대로 두어선 아무것도 못 합니다. 사주의 제1원리이자 감초이자 만병통치약인 오행을 끌어들여야 합니다. '갑을목 병정화 무기토 경신금 임계수', 기억나는지요? 자, 그럼 일간 '을'을 '목'으로 치환합니다. 이제 사주 해설가는 이 사주의 주인공을 두고 이렇게 말합니다.

"목의 기운을 타고 난 사람이군!"

일간을 한 사람이 타고난 원초적 기운으로 파악하는 것입니다. 결과적으로 사람들은 다섯 가지 유형으로 구분됩니다.

잠깐, 여기서 여담 하나 하겠습니다. 흔히 혈액형으로 성격을 구분하고 즐거워합니다. 이런 식이지요.

혈액형	성향
A형	내성적·소심
B형	외향적·민첩
AB형	A형과 B형의 결함·변덕
O형	원만·우유부단

'일간=개인의 천성'으로 보게 되면 사주에도 물론 그런 식의 구분이 가능합니다. 현실 세계의 나무, 불, 흙, 쇠, 물의 특성을 연상하면 됩니다.

유형	성향
목형	인내·힘
화형	화려·다혈질
토형	포용·늑진
금형	냉정·결단
수형	유연·지혜

일간으로만 보자면 사주의 주인공은 힘든 일이 있어도 인내할 줄 알고, 차분하게 견뎌내는 그런 사람입니다. 같은 '목' 기운(갑을甲乙)이라도 아름드리 큰 나무(갑)와 들판의 풀(을)을 구분하기도 합니다. 하지만 번잡해질 것 같아 생략하겠습니다. 그보다 여러분 각자의 타고난 오행을 확인(74쪽)해보는 건 어떨지요?

그런데 이런 생각이 듭니다. 만약 사주가 혈액형 판단보다 조금 정교한 정도의 수준이라면 천년의 세월을 견뎌낼 수 있었을까요?

사주의 천재들은 한 번 더 공중 부양을 시도합니다.

마지막 도약

사주 세계에 '일간'이라는 새로운 스타가 등장했습니다. 든든한 진입 장벽인 동시에 '영업비밀'이 될 만한 자격을 갖추었습니다. 그러나 스타 한 명에 기대서는 오래가지 못합니다. 새로운 영업비밀이긴 하지만 누군가 만세력을 입수해 일간을 확인하고 오행에 연결하기만 하면 또 쉽게 따라 할 만한 수준이기도 합니다. 허나 이 정도로는 오래 못 갑니다.

사주 체계는 또 한 번의 도약을 감행하면서 복잡과 난해의 '명성'을 얻습니다. 강력한 진입 장벽을 치는 것입니다. 먼저 일간을 제외한 나머지 사주들이 오행 가운데 어떤 특성을 갖는지 전체적으로 파악해야 합니다. 그다음에 일간과 나머지 사주 전체의 오행을 연관시킵니다. 그 상관관계를 다섯 가지(세분화하면 열 가지[9])로 유형화해 살피는 게 현대 사주입니다. 무슨 말인지 완전히 이해하지 못해도 무방합니다. 저도 그랬습니다. 이럴 땐 표로 정리해보는 게 도움이 되지요. 한 번 정리해보겠습니다.

---

9 사주 교본의 '십신(十神)'에서 파생되는 카테고리다. 비견·겁재, 식신·상관, 편재·정재, 편관·정관, 편인·정인 이렇게 열 가지의 분류를 십신이라 한다. 사주를 공부하는 사람도 좌절시키는 전형적 진입 장벽이다.

●	일간	●	●
●	●	●	●

↓

○	일간	○	○
○	○	●	○

위의 표를 보겠습니다. 일간 외의 사주는 모두 ●로 처리했습니다. 각각의 오행을 가지겠지요. 그 오행들, 즉 ●들의 총합이 오행의 측면에서 '목·화·토·금·수' 중 어떤 특성으로 요약되는지 따져야 한다는 얘기입니다.

그런데 논의를 좀 더 단순화시킬 수 있습니다. 위의 아래 표는 그래서 그렸습니다. 사주 전체의 오행(●의 총합)은 태어난 달의 오행에 의해 좌지우지된다고 봅니다. 좀 더 정확히 말하면 위의 아래 표에 ●로 표시한 월지에 의해 좌지우지됩니다. 월지의 오행은 일간을 제외한 일곱 개의 간지 기호 중 개수로는 7분의 1이지만, 비중으로는 절반 이상의 영향력을 가지는 것으로 해석합니다. 여기에는 그럴 만한 이유가 있습니다.

태어난 달[10]은 봄·여름·가을·겨울 사계절과 연관되는데, 사계절만큼 오행의 성격을 강력하게 표출하는 게 없습니다. 봄·여름·가을·겨울은 비유적인 측면에서가 아니라 본질의 측면에서 각각 목·화·금·수에 연결됩니다(토는 계절 사이사이 환절기). 그것도 아주 긴밀하게 연결

---

10 서양의 '태양궁 점성술'도 태어난 달을 기준으로 양자리, 황소자리, 물병자리, 전갈자리 등 열두 가지의 별자리를 정하고, 운명 풀이의 근거로 삼는다.

됩니다. 태어난 달의 오행, 즉 월지가 사주에서 차지하는 비중은 그래서 강력합니다. 그런 맥락에서 사주 전체의 오행을 태어난 달의 오행으로 대체해 논의를 단순화할 수 있습니다.

월지가 사주 전체의 환경을 바꿉니다.

그럼, 이제 일간과 월지의 관계만 설정하면 됩니다. 이게 현대식 사주 풀이의 전부라고 할 수 있습니다.

현대의 사주 풀이

매뉴얼 공부는 지루하고 복잡하기 마련입니다.

서둘러 끝내겠습니다.

오늘날 사주의 핵심은 일간의 오행과 나머지 사주 전체의 오행을 비교하는 데 있습니다. 일간의 오행을 기준으로 삼아, 사주의 다른 오행에 완전히 새로운 의미를 부여하는 것입니다. 자연 친화적인 오행을 훨씬 더 인간적인 방법으로 재해석함으로써 성격과 운명의 해설 체계를 고도화한 것으로 보면 됩니다.

일간의 오행과 사주 전체의 오행을 연관시키고, 그 상관관계를 다섯 가지로 유형화해 살피는 게 현대 사주의 방식입니다. 그리고 앞서 얘기한 대로 사주 전체의 오행을, 영향력 면에서 압도적인 월지의 오행으로 대체해도 대세에 지장 없습니다.

그런 사정을 염두에 두고 1977년 6월 7일 저녁 7시에 태어난 제 지인의 사주를 요즘 실제로 통용되는 기법으로 풀어보겠습니다. 89쪽 위의 표가 만세력에서 뽑아낸 사주, 그 아래 표가 일간과 월지의 오행만 남겨 두고 모두 삭제한 사주입니다. 생각보다 단순해 보일지 모르지만, 이 단순화된 표에서 다층적인 의미를 추출해내는 게 현대 사주의 전부라고 봐도 무방합니다.

乙 (을)	乙 (을)	丙 (병)	丁 (정)	간
酉 (유)	丑 (축)	午 (오)	巳 (사)	지

↓

木 (목)	木 (목)	火 (화)	火 (화)	간
金 (금)	土 (토)	火 (화)	金 (금)	지

이제 문제는 단순합니다. 태어난 날의 천간 '목'과, 태어난 달의 지지 '화'의 관계에서 그 사람의 성격과 운명을 추출해내기만 하면 됩니다. 사주를 보러 가면, 두 기호의 조합을 통해 가족 관계까지 뽑아냅니다. 여기에서는 성격과 직업 정도까지만 얘기할 생각입니다. 너무 많이 취하면 체합니다.

사주 주인공의 기본 스타일을 뜻하는 일간, 즉 태어난 날의 오행은 '목'입니다. '목' 스타일은 끈기 있고, 은근하게 힘도 셉니다. 그러나 이제 일간 '목'은 독립적으로 존재하지 않습니다. '목'은 '화'라는 환경과 연관을 맺으면서 전혀 새로운 의미를 얻습니다.

'목' 일간에 '화'라는 환경은 어떤 의미일까요?

목생화(木生火) 기억나나요? 오행을 다룬 3강(36~37쪽)에서 상생과 상극을 정리한 적이 있습니다. '목'은 '화'에 기운을 퍼줍니다. 북돋아

주고 살려줍니다. 이걸 달리 해석하면, '목'이 '화'를 만나면 자신을 발산하고 표현할 공간을 얻게 된다는 것입니다. 일간이 '목'인 사람이 사주 구성에 있어 '화'로 상징되는 환경을 갖게 되면 그 사람은 자기표현에 능한 특성을 갖게 됩니다. 외향적인 캐릭터가 되는 것입니다. 직업의 측면에서라면 자기표현을 무기로 삼는 연예인이 될 수도 있고, 말을 잘해야 살아남을 수 있는 강사도 될 수 있을 것입니다. 연예인이나 강사는 못 되더라도 회사나 지역사회에서 쾌활하고 원만한 사람으로 평가받을 것입니다.

그런데 만약 월지가 '화' 아닌 '금'이라면?

금극목(金剋木)이니, 금은 목을 칩니다. 통제하고 제어합니다. 사주의 주인공은 사주 환경상 자기통제에 능하게 되고, 직업적으로는 신중함을 필요로 하는 참모, 공무원에 어울리는 사람이 됩니다.

일간과 월지에 따른 사람의 특성

이런 식으로 태어난 날의 오행이 목인 사람의 운명적 특성을, 사주 전체의 환경을 고려하면서 일반화하는 게 현대 사주의 기법입니다. 일간이 목인 사람의 사주를 유형화해, 그의 특성을 뽑아내면 이런 식이 됩니다.

독립심(Independence), 표현력(Expression), 돈(Money), 통제(Control), 지식(Knowledge). 일부러 영어를 넣었습니다. 난해한 한자어들이 사주를 고리타분하게 만들기 때문입니다. 어려운 용어는 풀어주면 그만인데 말입니다. 흔히 쓰는 영어니, 이해하는 데 도움이 될 줄로 믿습니다.

태어난 날의 오행(일간)	태어난 달의 오행(월지)	사주 주인공의 특성
木	木	독립
	火	표현
	土	돈
	金	통제
	水	지식

한 사람의 성격적 특성을 각각 하나의 키워드로 압축했습니다. 이 압축된 특성을 한 사람의 직업과 운명까지 일관되게 끌고 가는(사주는 연역이다!) 게 사주 체계의 본질입니다. 표현력은 연예인·강사 등의 직업과 연결됩니다. 같은 식으로 독립심은 정치인·개인사업, 돈은 장사, 통제는 관료·공무원, 지식은 교수 등의 직업 영역으로 확장됩니다.

자, 이제야말로 여러분의 사주를 직접 확인할 때입니다. 더 미루면 안 됩니다.

먼저 일간을 확인하십시오. 혹시 '목'인가요? 그럼 다행입니다. 제 지인의 사주 비밀이 담겨 있는 위의 표에서 월지만 수정해 맞춰보면 되겠네요. 혹시 월지까지 '화'여서, 일간·월지 조합이 제 지인과 똑같은가요? 만약 그렇다면, 제 지인과는 가급적 만나지 마십시오. 혹시 만나더라도 동업은 하지 마십시오. 자석의 N극-N극, S극-S극처럼 튕겨 나갑니다. 같이 망합니다.

그런데 혹시 태어난 날의 일간이 목이 아니어서 난감해할 수도 있겠습니다. 92~93쪽에 표를 추가하겠습니다. 일간의 오행이 각각 화·토·금·수인 경우입니다. 사주의 가능성을 모두 망라합니다. 이제야말로 여러분이 자신의 사주를 직접 풀어볼 마지막 기회입니다.

혹시 아직도 스마트폰에 만세력을 다운로드하지 않았다면, 지금 당장 애플리케이션을 설치하고 생년월일을 입력해 자신의 사주 기호를 얻으십시오. 그 기호 속의 일간과 월지를 찾아 표와 비교하기만 하면, 자신의 대체적인 성격과 직업을 알 수 있습니다. 일간과 월지가 어디인지는 이번 강의 초입(81쪽)에 설명했습니다.

그리고 마지막으로 한 번 더 말씀드립니다. 이렇게 타고난 오행(일간)과 환경(월지)의 관계를 오행의 상생·상극의 원리에 맞추어 설정한 뒤, 성격·직업·운명적 특성을 뽑아내는 게 현대 사주의 전부입니다. 사주의 해설은 그것이 아무리 복잡하고 비밀스러워 보여도 여기서 한 발자국도 벗어나지 못합니다.

사주 보는 법에 관한 설명은 이제 그만! 다음 표로 마감하겠습니다. 복잡한 매뉴얼을 익히느라 고생했습니다!

일간	월지	사주 주인공의 특성	일간	월지	사주 주인공의 특성
	火	독립		土	독립
	土	표현		金	표현
火	金	돈	土	水	돈
	水	통제		木	통제
	木	지식		火	지식

일간	월지	사주 주인공의 특성	일간	월지	사주 주인공의 특성
	金	독립		水	독립
	水	표현		木	표현
金	木	돈	水	火	돈
	火	통제		土	통제
	土	지식		金	지식

9강 (보론)

십신과
용신

이 강의에서 유일한 보론입니다. 게다가 방금, 복잡한 매뉴얼은 더이상 보여드리지 않겠다고 말씀드려놓고 다시 한 번 그런 매뉴얼을 등장시키는 보론이기도 합니다. 복잡하지 않게 다음 강의로 넘어갈까 했습니다. 그러나 전통적인 사주 책들이 중요하게 언급하는 부분을 궁금해하는 분들도 있겠다 싶어 보론을 마련했습니다. 복잡한 매뉴얼 공부에 연루되기 싫으시다면 건너뛰셔도 무방합니다.

십신(十神)과 용신(用身)에 대한 설명입니다.

십신

일간이 중요하다는 말씀은 앞서 드렸습니다. 그런데 일간이 정해지면, 일간의 오행에 따라 사주에 있는 일곱 개의 오행 요소는 완전히 새로운 의미를 갖게 됩니다. 목·화·토·금·수 본래의 오행이 갖고 있는 본래 가치가 사라져버리는 것이지요. 그렇게 새로운 특성은 모두 열 가지로 분류되는데 그게 바로 십신입니다.

그런데 십신을 얘기하기 전에 잠시 오행의 음과 양에 대해 설명을 드려야 할 것 같습니다. 논의를 단순화하기 위해 지금까지는 음·양 구분을 자제했습니다. 그러나 십신을 설명하기 위해선 구분해야 합니다.

예컨대 같은 목(木)이라 해도 아름드리나무가 있는가 하면 연약한 풀이 있습니다. 아름드리나무는 양(陽), 연약한 풀은 음(陰)입니다. 화(火)도 마찬가지입니다. 모든 걸 집어삼킬 듯 활활 타오르는 산불(양)이 있는가 하면, 가녀린 촛불(음)도 있습니다. 오행은 그렇게 거세고 강직한 양과 가녀리고 예리한 음으로 구분됩니다. 10개의 천간과 12개의 지지도 당연히 오행의 특성에 더해 음·양의 특성을 갖습니다. 이런 식입니다.

천간	甲 (갑)	乙 (을)	丙 (병)	丁 (정)	戊 (무)	己 (기)	庚 (경)	辛 (신)	壬 (임)	癸 (계)
음양	양	음	양	음	양	음	양	음	양	음
오행	木		火		土		金		水	

지지	寅 (인)	卯 (묘)	辰 (진)	巳 (사)	午 (오)	未 (미)	申 (신)	酉 (유)	戌 (술)	亥 (해)	子 (자)	丑 (축)
음양	양	음	양	양	음	음	양	음	양	양	음	음
오행	木		土	火		土	金		土	水		土

자, 이제 일간이 '목'인 경우를 상정해 십신을 구분하겠습니다. 표부터 보시지요.

일간	오행	십신		사주 주인공의 특성
木	木	비견(比肩) (음양이 같을 때)	친구, 동업, 자존심, 고집	독립
		겁재(劫財) (음양이 다를 때)		
	火	식신(食神)	자식(여자의 경우), 의식주, 예술	표현
		상관(傷官)		
	土	편재(偏財)	아내(남자의 경우), 재물, 일	돈
		관재(官災)		
	金	편관(偏官)	남편(여자의 경우), 관료, 조직	통제
		정관(正官)		
	水	편인(偏印)	공부, 문서, 부동산, 의존	지식
		정인(正印)		

일간이 양의 목일 경우 어떤 오행이 양의 목이면 그 오행은 '비견'이란 속성을 새로 얻습니다. 음의 목이라면 '겁재'의 속성을 얻습니다. 화·토·금·수도 마찬가지입니다. 일간을 기준으로 화는 식신·상관으로, 토는 편재·관재로, 금은 편관·정관으로, 수는 편인·정인으로 이행합니다. 물론 기준이 되는 일간이 달라지면 십신의 배열도 모두 달라집니다.

위의 표의 오른쪽에 '사주 주인공의 특성'이라고 달아놓았습니다.

기억나실 겁니다. 앞서 사주 풀이를 위해 제가 보여드린 표(91쪽)의 한 요소를 그대로 옮겼습니다.

일간의 오행에 따라, 특정 사주의 나머지 일곱 개의 오행은 새로운 특성(십신)을 갖게 됩니다. 그 특성을 종합하면 그게 바로 사주 전체의 환경(월지만으로 대체하는 경우도 있다 했습니다)이 됩니다. 그에 따라 사주 주인공의 특성이 결정되는 것입니다.

십신에 대해 자세히 다루고자 하면 끝이 없습니다. 예컨대 편재와 관재, 편관과 정관, 편인과 정인은 그 의미가 다릅니다. '편'보다는 '정'이 조화로운 특성을 나타냅니다. 예컨대 편재가 갑자기 큰 재물을 버는 특성이라면, 정재는 차근차근 재물을 모아 나가는 스타일입니다. 비견·겁재, 식신·상관도 당연히 차이를 갖습니다.

또 표에 언급한 대로, '관'은 여자에게 남편을 뜻하고 '재'는 남자에게 배우자를 뜻하는 등 가족 관계에 관한 설명도 추가됩니다.

그러나 이 정도에서 그치겠습니다. 더 나아가면 기존의 사주명리 강좌와 다를 게 없게 됩니다.

중화와 용신

오행은 목·화·토·금·수 다섯 가지입니다. 사주는 8개의 오행으로 구성됩니다. 사주는 당연히 어느 한쪽에 치우치게 됩니다. 오행이 균형을 이루고 있는 사주는 아주 드뭅니다.

예컨대 어떤 사람의 사주를 보니 뜨거운 '화' 기운이 지나치게 많습니다. 그럼 어떻게 해야 할까요. 어떤 방법으로든 차가운 '수' 기운을 끌고 와야 할 겁니다.

또 이런 경우도 있을 겁니다. 사주를 보니 목·화·토·수의 오행 요소는 있는데, '금' 기운만 빠져 있습니다. 이럴 때는 '금' 기운 하나 정도는 보충하는 게 오행의 균형을 맞출 수 있는 좋은 방법이겠지요.

그렇게 사주의 오행이 어느 한쪽에 치우치지 않게 덜고 더하는 것을 '중화(中和)'라고 합니다. 운명을 단순하게 예측하는 것을 넘어, 순탄한 운명을 유도하는 것까지 염두에 둔다면, 중화는 사주의 핵심일 수도 있습니다.

그런데 중화를 위해서는 특정 오행이 필요한 경우가 있습니다. '화' 기운이 넘칠 때 '수' 기운, '금' 기운이 아예 없을 때 '금' 기운이 필요한 식으로 말입니다. 그렇게 중화를 위해 필요한 오행 요소를 사주명리에서는 용신(用神)이라 부릅니다.

이 용신은 사주에 있어 '문제적 개념'입니다. 역술인들은 오랫동안 이 용신이란 걸 찾는 데 심혈을 기울여왔다고 볼 수 있습니다. 용신만 찾으면 만사형통인 걸로 봤던 거지요. 용신에 따라 직업을 처방하고, 궁합을 처방하고, 심지어는 먹는 음식, 입을 옷, 이사 갈 집의 방향까지 처방했습니다.

그런데 문제는 같은 사주를 놓고도 역술인들에 따라 다른 용신을 내놓는다는 겁니다. 부족한 오행을 보충하고, 과도한 오행을 쳐내는 게 간단할 거 같아도 실전으로 가면 아주 애매해지기 때문입니다.

그리고 용신의 문제점이 또 하나 있습니다. 특정인의 사주에서 어떤 특성이 발달하면, 그 사람은 그 특성에 따른 삶의 길을 가게 된다는 게 사주의 원론적 해석입니다. 그런데 용신을 쓰자면 지나치게 발달한 그 특성을 제압해야 합니다. 사주의 근본 원리의 측면에서 혼란

이 생길 수도 있다는 겁니다.

그래서 최근엔 용신 무용론이 상당한 힘을 얻고 있다는 점까지만 말씀드리면서 보론을 마치도록 하겠습니다.

10강

대운,
우리네 삶이
굴곡진 이유

대운(大運)이란 용어는 일상에서도 많이 씁니다. 사주 얘기할 때도 감초처럼 빠지지 않고 등장하지요.

"올해 제 대운은 어떤가요?"

"사주는 좋은데 말년 대운이 좀….."

대운이 감초 역할을 하는 데는 이유가 있습니다. 무언가 중요한 게 있으니까 입에 올리기 마련이겠지요.

이번 강에서는 대운에 관해 중점적으로 설명하겠습니다. 그렇긴 해도 잠깐 숨은 돌리고 가셔야죠. 앞 강의에서 배운 것도 있으니, 연습 삼아 사주 하나 풀면서 시작하겠습니다.

사주는 고정불변인가?

우리나라에서도 동계올림픽이 인기입니다. 피겨에 이어 스피드 스케이팅에서까지 대단한 성적을 내니 그럴 만합니다. 언젠가 동계올림픽 중계 때 얘기입니다. 지인 한 분이 TV 중계를 보다가 스피드 스케이팅에서 금메달을 싹쓸이하고 있는 우리 선수의 사주를 당장 풀어달라고 졸랐습니다. 무시하기도 무엇해서 인터넷에서 공개된 그녀의 생년월일(1989년 2월 25일)을 확인했습니다. 그리고 만세력을 들추었습니다. 그리고 오행으로 치환했습니다. 태어난 시각은 모르니 생략하고요.

丙 (병)	丙 (병)	己 (기)	→	火 (화)	火 (화)	土 (토)
辰 (진)	寅 (인)	巳 (사)		土 (토)	木 (목)	火 (화)

잠깐 훑어본 뒤 오행을 적은 메모지를 보여주며 설명했습니다.

"보이니? 에너지가 충만하잖아. 천성적으로 불[火] 기운(일간의 丙)을 타고났는데, 태어난 달의 나무(월지의 寅)가 땔감 역할을 확실히 해주니까, 화력이 넘치지! 태어난 시간의 사주를 빼고도 불의 기운이 세 개(丙, 丙, 巳)나 되니까…. 이 불의 기운이 스케이트 날이 닿는 얼음판을 살살 녹여주면서 길을 내주는 거야. 속도가 저리 나올 수밖에 없지. 앞으로도 한참 가겠네!"

그럴싸해 보였던 모양입니다. 사주 풀이를 의뢰한 지인은 그때 상당히 감탄하는 표정이었습니다. 들이키던 맥주 캔을 잠시 내려놓기까지 했으니까요. 그러나 풀이를 읽어보면 알겠지만, 앞 강의에서 언급한 방법론에서 크게 벗어나지 않은 해설입니다. 물론 상황에 맞는 변통은 필요합니다. 그게 사주 해설을 업으로 삼은 자의 내공이고 노하

우일지 모르겠습니다.

그런데 그보다 중요한 게 있습니다. 사주를 보며 누군가의 삶을 판단할 때 반드시 짚고 넘어가야 하는 문제입니다. 이 선수의 사주는 분명, 스피드 스케이팅 분야에서 크게 성공할 만한 자질을 보여줍니다. 그러나 그 자질은 언제 빛을 발하는 것일까요? 자질이 있다고 해서 아무 때나 성취되지는 않습니다. 자질이 꽃을 피우는 시점의 문제가 남았다는 말입니다.

이 선수는 왜 그해 동계올림픽에서 유독 엄청난 성과를 거두었을까요? 4년 전에 열린 올림픽에서는 그만한 성과를 내지 못하고 말이죠. 4년 후에는 올림픽에서 그만한 성과를 낼 수 있을까요? 이런 의문이 들지 않나요?

원국과 대운

사주를 한갓 기법으로 취급하면 몇 장의 매뉴얼만 남을 뿐입니다. 그런데 매뉴얼만으로는 오랜 세월을 견디지 못합니다. 사주가 천년 넘는 세월을 견디며 살아남을 수 있었던 것은 매뉴얼의 정교함 덕분이 아닙니다. 그리고 앞의 강의에서 살펴보았지만 매뉴얼이란 게 솔직히 말해서 대단히 정교하지도 않습니다. 사주가 세월을 이길 수 있었던 것은 삶에 대한 특유의 통찰 때문입니다.

그럼 사주는 삶을 어떻게 바라볼까요? 사주는 삶에서 끊임없는 변화를 포착합니다. 누구에게나 본바탕이 있습니다. 주어진 자질이 있습니다. 그러나 그 자질이 아무 때나, 혹은 전 생애에 걸쳐 빛을 발하는 것은 아닙니다. 삶의 환경이 끊임없이 변화하고, 자질이란 것도 살아가면서 등락을 거듭하기 때문입니다. 능력이 충만할 때가 있는가 하면, 이유 없이 힘이 빠져 고생할 때도 있습니다.

이게 바로 사주가 말하는 원국(原局)과 대운입니다. 원국은 자질이고, 대운은 변화의 형국입니다.

원국은 지금까지 우리가 살펴본 것입니다. 우리는 생년월일시를 만세력이라는 매개체를 통해 60갑자 형식으로 치환하고, 그것을 다시 오행의 요소로 단순화했습니다. 그렇게 나온 8개의 기호에서 다양한 방식으로 의미를 취했습니다. 모두 사주 주인공의 특성을 파악하는 작업이었습니다. 한 인간이 타고난 자질, 구조적 특성을 파악하고자 했습니다.

그런데 삶은 그렇게 단순하지가 않습니다. 타고난 자질, 구조적 특성만으로 설명되지 않습니다. 현기증 나는 놀이 공원의 롤러코스터만큼은 아니더라도, 끊임없이 요동치며 오르락내리락하는 게 삶입니다. 모든 인생은 쉬지 않고 등락합니다. 사주는 그렇게 항상 움직이는 삶의 또 다른 특성을 대운이란 말로 표현했습니다.

원국과 대운은 그렇게 사주 체계의 두 근간입니다. 타고난 천성이 있다는 것, 그러나 그 천성은 끊임없는 변화에 노출돼 있다는 것, 그게 우리가 살아가는 삶의 진정한 양상입니다. 사주가 삶을 바라보는 방식입니다.

10년 주기

삶은 끊임없이 변합니다. 인생무상이라 하지 않습니까? 변한다는 것, 인정할 수 있습니다. 그런데 마구잡이식으로 변하는 걸까요? 무언가 주기 같은 게 있지 않을까요? 그렇게 변화를 종잡을 수 있어야 무슨 대비라도 하면서 살지 않겠는가 말입니다. 대운에도 주기라고 할 만한 게 있지 않을까 하는 의문이 듭니다.

그런데 그런 게 실제로 있습니다. 흔히 이런 말을 하죠.

"10년이면 강산도 변한다."

"한 분야에서 10년은 일 해야 뭘 좀 알지!"

대운의 변화 단위도 10년입니다. 사주 체계는 한 사람의 인생 대운이 10년 단위로 바뀐다고 봅니다. 사주는 오행의 원리로부터 철저한 연역이라 했지만, 대운의 주기는 그렇지 않을 수도 있습니다. 삶에 관한 오랜 관찰로부터 나온 경험적 통찰일 수도 있습니다.

하지만 다시, 그 전개방식은 철저히 연역적입니다.

어디로부터의 연역일까요?

태어난 달의 오행으로부터의 연역입니다. 현대 사주 해설의 두 중심축은 일간과 월지라고 설명했습니다. 일간이 한 사람의 타고난 오행의 유형을 말한다면, 월지는 그 사람이 처해 있는 사주의 환경을 뜻합니다. 크게 보아 월지를 포함하는 월주(月柱, 월간+월지)가 한 사람의 사주 환경입니다(추운 12월과 무더운 7월의 환경을 상상해보십시오!)

丙 (병)	丙 (병)	己 (기)
辰 (진)	寅 (인)	巳 (사)

그런데 10년 단위로 전개되는 대운을 찬찬히 살펴보면, 월주를 60

갑자 순서에 따라 때론 순(順)으로, 때론 역(逆)으로[11] 돌리고 있음을 확인할 수 있습니다. 예로 든 스케이트 선수의 경우는 순방향입니다.

60갑자 표를 한번 확인해보십시오. 원국의 월주인 '병인'에서 순서대로, 정묘 → 무진 → 기사 → 경오 → 신미 → 임신이 됩니다.

3세	13세	23세	33세	43세	53세
丁卯 (정묘)	戊辰 (무진)	己巳 (기사)	庚午 (경오)	辛未 (신미)	任申 (임신)

그런데 대운의 운행을 보시면서 왜 그 주기가 3세, 13세, 23세 하는 식으로 '3'을 기준으로 전개될까 궁금하실 줄로 믿습니다. 그걸 '대운 수(數)'라 하는데요. 사람에 따라 4세, 14세, 24세 식으로 나아가기도 하고, 9세, 19세, 29세 식으로 나아갈 수도 있습니다. 생일이 같아도 사주의 주인공이 남자냐, 여자냐에 따라 또 달라집니다.

계산이 간단치 않습니다. 출생시각으로부터 가장 가까운 절기(정확히는 24절기 중 '절입'이라는 12개의 절기만 대상으로)까지의 날수를 센 뒤에, 그 날수를 3으로 나누었을 때 그 몫을 '대운 수'로 취합니다. 가까운 절기라고 줄여 말했지만, 대운의 운행이 순방향이냐 역방향이냐에 따라, 출생일 후의 절기일 수도(순방향), 출생일 전의 절기(역방향)일 수도 있습니다.

스케이트 선수의 경우는 그렇게 구한 몫이 3이었던 거죠.

---

11 남성이냐, 여성이냐에 따라 대운의 전개 방향이 달라진다. 짝수 연도에 태어난 남성과 홀수 연도에 태어난 여성은 60갑자를 원래 순서대로 돌리고(순행), 홀수 연도 남성과 짝수 연도 여성은 역순으로 돌린다(역행).

만세력마다 모두 대운 숫자를 표시해주고 있으니, 그냥 그걸 따르시는 게 나을 것 같습니다. 중요한 것은 대운이 갖는 의미일 겁니다. 두 가지로 정리할 수 있습니다.

첫째, 모든 인생은 사계절을 갖습니다. 태어난 달은 기본적으로 봄·여름·가을·겨울 계절에 배정됩니다. 대운이 태어난 달을 기준으로 운행한다는 것은 계절의 순서를 따른다는(겨울·가을·여름·봄의 역순일 수도 있습니다!) 얘기이기도 합니다. 속내로 들어가면 조금 복잡해지지만, 삶이란 게 추운 겨울과 따뜻한 여름을 모두 겪기 마련이란 얘기와 크게 다르지 않지요.

둘째, 대운의 존재는 사주 자체가 변한다는 것을 암시합니다. 대운은 사실, 사주 원국의 네 기둥[四柱] 가운데 한 기둥인 월주가 10년 단위로 변한다는 얘기일 뿐입니다. 대운의 간지를 사주 원국의 월주 자리에 순서대로 앉혀놓는다고 생각해보십시오. 대운의 존재가 사주 자체의 변화 가능성을 뜻하게 되는 것입니다.

바로 그때 고정불변의 사주 따위는 사라집니다. 그게 누구의 것이든, 모든 사주는 10년 단위로 변합니다.

굴곡 있는 삶이 정상이다

다시 한 번 정리해보죠. 대운은 이렇게 정의됩니다.

10년 단위로 변하는 운(運)의 흐름

대운은 그렇게 10년을 단위로 위아래로 요동치며 전개됩니다. 그렇다고 대운을 모든 사람이 체감하며 사는 것은 아닙니다.

　잠시 한국의 현대사를 한번 떠올려보겠습니다. 어느 시대치고 격동의 시대 아닌 시대 있겠는가마는 삶의 양태는 제각각 다르기 마련입니다.

　예컨대 고(故) 김대중 대통령 같은 분의 인생이 있을 수 있습니다. 외딴 섬에서 소작농의 자식으로 태어났으나 젊은 시절 사업가로 성공했습니다. 정치에 뜻을 두었으나 국회의원에 수차례 낙마, 그러나 다시 재기해 40대에 대통령 문턱까지 갑니다. 그러나 다시 납치, 망명, 사형선고…. 끝없는 나락일 줄 알았으나 말년에 대통령의 꿈을 이루고 노벨평화상까지 수상합니다. 그야말로 파란만장하지요.

　그러나 그와는 전혀 달리 곡절의 삶에 휘둘리지 않고 평범한 삶을 영위한 사람들도 많았습니다. 평생을 농부로, 샐러리맨으로, 자영업자로 살아간 우리 시대의 대부분의 사람들 말입니다.

　사는 게 그렇습니다. 크게 치솟으면 크게 내려앉고, 조금 올라가면 내려가는 것도 조금씩입니다. 이쪽의 삶이 옳고, 저쪽의 삶이 그른 것은 아닙니다. 그러나 진폭의 강도를 둘째로 하면 누구의 삶도 등락하는 운의 주기, 그 대운을 피할 수는 없습니다. 어느 쪽이든 강하든 약하든, 흔들리며 살아가는 게 정상입니다.

　문제는 위로 치솟는 삶의 국면만을 자신의 것으로 받아들이려는 습성입니다. 자신에게는 상승만이 있고, 하강은 있을 수 없다는 고집이 자신의 삶을 피로하게 만듭니다. 하강만을 자신의 것으로 받아들이는 사람들도 있습니다. 안타까운 일이지만 어떤 상황에서든 절망과 낙심에 빠지는 사람들이 있지요.

잠깐, 다른 얘기 좀 할까요? 그리스 신화에 '이카로스'라는 인물이 있습니다. 미궁에 갇혔다가 밀랍으로 새의 깃털을 붙이고 탈출하려고 하지요. 실제로 탈출합니다. 아버지 다이달로스는 떠나는 아들에게 충고합니다.

"너무 높이 날면 태양의 열기에 깃이 녹아버릴 것이고, 너무 낮게 날면 바닷물에 깃이 무거워져 추락할 것이다."

그러나 정작 하늘을 날기 시작하자 이카로스는 상승의 기쁨에 취해버립니다. 하늘로, 하늘로 더 높이 치솟아 올랐고, 태양열에 밀랍이 녹아 바다로 추락했습니다. 반대로, 저공비행만을 고집했어도 아버지 말대로 추락했을 겁니다.

끝없는 상승 욕구는 언제나 재앙입니다. 그칠 줄 모르는 자기 비하와 낙담도 재앙입니다. 삶의 물결을 타는 것, 대운의 순환에 자신의 몸을 맡기는 것, 저는 그게 삶을 대하는 최고의 지혜라고 봅니다. 대운의 오랜 충고이기도 하고요.

11강

운명,
마음속에
그려진 지도

고대 그리스의 역사가인 헤로도토스가 이런 말을 한 적이 있습니다.
"인간의 운명은 그의 마음속에 있다."

정말 그렇지 않은가요? 겪어보고, 지나고 나서 보면 누구나 '내 운명은 내 마음을 닮아 있구나!' 하는 생각을 하게 됩니다.

사주란 것도 별 게 아닙니다. 오행을 통해 그 사람의 마음(성격적 특성)이 어떤지 점검하고, 그 마음으로부터 삶과 운명을 추론해내는 일입니다. 사주는 그래서 명리(命理)입니다. 운명의 이치를 논하니까요. 그런데 말입니다. 도대체 운명이란 것은 무엇일까요? 그런 게 있기는 한 걸까요?

이야기가 나온 김에 이번 강의에서는 그리스 신화 이야기를 조금만 더 해보겠습니다. 시작하겠습니다.

오이디푸스

오이디푸스란 이름은 들어보았을 겁니다. 흔히 '오이디푸스 콤플렉스'[12]를 말하지요?

고대 그리스에 테베라는 나라가 있었습니다. 오이디푸스는 그 나라의 왕자였습니다. 그런데 태어나자마자 상황이 좀 묘하게 돌아갔습니다.

테베의 왕은 아들이 태어나자마자 가까운 신전을 찾아가 신탁을 청했습니다. 강호인문학 식으로 말하면 무당을 찾아가 신점을 친 것이죠. 나온 점괘가 뜨악했습니다.

"아버지를 죽이고, 어머니를 범할 것이다."

키울 수 없는 아이죠. 할 수 없습니다. 왕은 아들을 산중에 내다 버립니다. 그러나 오이디푸스는 운 좋게 살아나 우여곡절 끝에 코린토스라는 나라의 왕자가 됩니다. 그런데 이번에는 오이디푸스가 점을 칩니다. 청년이 된 뒤의 일이지요. 크고 보니, 자신의 운명이 궁금했던 모양입니다. 신탁의 결과는 어땠을까요?

"아버지를 죽이고, 어머니를 범할 것이다."

말하자면 그게 빼도 박도 못할 그의 운명이었던 셈입니다. 오이디

---

12 남자가 자신의 아버지를 증오하고, 어머니에게 무의식적이지만 성적 애착을 품는다는 이론이다. 정신분석학자 지그문트 프로이트가 내놓은 분석인데, 과연 그런 걸까? 강호인문학 강의에 어울리는 얘기인지는 모르겠지만, 프로이트의 이론 자체를 19세기 말에서 20세기 초에 나타난 하나의 '현상'으로 보는 시각도 있다.

푸스는 물론 그 운명을 피하고 싶었습니다. 일부러 방랑길에 나섭니다. 그러던 어느 날, 어느 길가에서 사소한 시비 끝에 귀족으로 보이는 노인과 그 수행원을 죽입니다. 그 노인이 테베의 왕, 바로 자신의 친아버지였습니다.

'운명 예언의 1차 적중!'

그리고 스핑크스가 등장합니다. 얼굴은 인간이고, 몸은 사자인 괴물인 스핑크스입니다. 테베의 여왕은 스핑크스를 죽이고 싶었습니다. 그래서 왕권을 포상으로 내겁니다. 과감하지요? 남편이 죽었으니 왕위가 비어 있었습니다. 그렇게 비어 있는 자리를, 스핑크스를 죽이는 사람에게 주겠다고 한 겁니다. 누가 스핑크스를 죽였을까요? 바로 오이디푸스입니다. 테베의 왕이 되는 것이죠. 어머니와 결혼하게 됩니다.

'운명 예언의 2차 적중!'

이해할 수도, 막을 수도 없는

앞에서 그리스 신화의 이카로스 이야기를 전했는데, 이번 강에서도 고대 그리스의 이야기로 시작하고 말았습니다. 동양의 사유 방식을 이야기하는데, 계속 서양 고대 이야기를 꺼낸다고 뭐라 할 분도 있으리라 생각합니다.

적어도 이 강의를 듣는 독자분들은 뭐라 안 하셨으면 좋겠습니다. 그냥 동양학에 관한 얘기가 아니라 강호를 배경으로 펼쳐지는 동양학에 관한 얘기를 나누는 중이니까요. 세속을 초탈한 고수들이 한계 없는 무공을 펼치는 공간이 강호입니다. 우리가 얘기를 나누고 있는 이 강의의 공간도 사방으로 넓게 열어두었으면 합니다. 주제를 이해하는

데 도움이 된다면 서양이 아니라, 화성·목성에 관한 얘기라도 할 생각입니다.

오이디푸스의 이야기는 운명에 관한 어떤 원형(原形)을 담고 있습니다. 피하고 싶으나 피해지지 않는 삶의 행로, 그 무시무시하고 무자비한 관성, 존속 살해와 불륜이라는 자신의 기구한 운명을 오이디푸스는 피하고 싶었습니다. 그러나 피하지 못했습니다.

다시 묻습니다. 그래서 과연 운명은 무엇일까요?

운명은 우리가 우리의 머리로 파악할 수 없는 어떤 패턴입니다. 인간의 지성과 노력으로 막을 수 없는 모종의 힘입니다. 그 불가해(不可解)하고, 불가항력적인 힘을 우리는 운명이라 부릅니다.

그런데, 우리 삶을 통해 펼쳐지는 불가해하고 불가항력적인 힘을 칭하는 용어가 운명뿐이던가요? 한번 떠올려보십시오. 신비하고 막강하며 자신을 모든 시·공간에서 관철하고 마는 그 힘을 부르는 이름을 인류는 여럿 갖고 있습니다. 무얼까요? 바로 신(神)입니다. 사람들은 이해할 수도 막을 수도 없지만, 우리를 지배하는 힘과 원리를 신이라 불렀습니다. 또 있습니다. 이데아(Idea),[13] 이(理) 등의 용어도 있습니다. '신'과 '이데아'와 '이'는 본질상 '하나'입니다. 단일합니다. 그런데 운명은 그렇지 않습니다. 내 운명과 네 운명이 다릅니다. 이 사람과 저 사람의 운명이 다릅니다. 운명은 개별적입니다.

얼마나 개별적일까요? 만약 구분할 수 있다면 운명의 가짓수는 몇 개나 될까요?

---

13 플라톤 철학의 중심 개념. 모든 존재와 인식의 근거가 되는 영속적이고 초월적인 실재가 이데아다. 눈에 보이는 세계 외에 정신으로만 인식할 수 있는 또 다른 세계가 실재한다는 생각이다.

운명의 가짓수

이쯤 해서 다시 사주 얘기로 돌아가겠습니다. 자, 운명의 가짓수는 모두 몇 개일까요? 21세기 기준으로 운명의 가짓수는 모두 70억 개입니다.

너무 단순하고 쉽게 "몇 개!"라고 말하니 되레 미덥지 않은가요? 복잡할 게 무어 있겠습니까. 전 세계의 인구가 70억 명 정도라고 합니다. 비록 미묘한 차이라 하더라도, 똑같은 삶을 사는 사람은 없습니다. 저 들판에 풀이 비슷비슷한 것 같아도 모두 제각각입니다. 사람의 운명도 그렇게 제각각입니다. 그러니까 21세기 초반을 기준으로 하면 지구인의 운명은 아마도 70억 개쯤은 될 겁니다.

그렇다고 "운명은 사람 수대로!"라고 말해놓고, 강의를 끝맺진 않을 테니 걱정은 마십시오. 사주의 맥락에서 운명의 가짓수를 논해보겠습니다. 질릴 만큼 말씀드렸지만, 사주는 연·월·일·시 4개의 기둥입니다. 그런데 연·월·일·시 각각의 가짓수에는 약간의 차이가 있습니다. '연'과 '일'은 60갑자를 계속 돌리면 됩니다. 각각 60개씩입니다.

'월'은 60개가 아닙니다. 12달이니까, 12개입니다. 그럼 '시'는? 24시간이니까 24개일까요? 아닙니다. 사주가 활용하는 전통 시간은 하루를 열두 개로 나눕니다. 인시가 새벽 3~5시, 묘시가 새벽 5~7시, 건너뛰어 오시가 낮 11~1시가 되는 식입니다. 십이지지에 각각 두 시간씩 배정됩니다. 그래서 가능한 연·월·일·시 조합의 개수는 다음과 같습니다.

$$60(연) \times 12(월) \times 60(일) \times 12(시) = 518,400$$

51만 8,400개. 이게 바로 운명의 개수입니다. 사주로 말할 수 있는 운명의 가짓수는 모두 51만 8,400개입니다. 그게 전부입니다.

다소 무책임해 보이는 '70억 개의 운명'보다는 훨씬 줄었죠? 하지만 그래도 많습니다. 분류해야 합니다. 적절한 카테고리에 이 51만 8,400개의 운명을 나누어 배치해야만 합니다.

사주는 그 카테고리를 5개로 나눌 수도 있고, 10개로 나눌 수도 있고, 100개로 나눌 수도 있습니다. 물론 몇 개가 되든 궁극적으로는 모두 오행의 조합을 이용하는 것입니다. 오행은 5개고, 거기에 음양을 가세시키면 10개입니다. 10개의 주된 특성마다 다시 10개의 부수적 특성을 결합하면 100개가 됩니다. 방법이야 무수히 많습니다.

사주를 세우고 푸는 일은 다른 게 아닙니다. 51만 8,400개의 운명을 그렇게 오행을 이용해 쪼개고 또 쪼개보는 것입니다. 역술인, 명리 연구가, 사주 해설가란 사람들이 하는 일은 그 작업에서 한 치도 벗어나지 못합니다.

운명을 바꿀 수 있을까?

마지막으로 한 가지만 짚고 운명에 관한 소론을 마무리하겠습니다. 끝에서 다룬다고 사소한 문제인 것은 물론 아닙니다.

자, 문제는 이것입니다.

혹시, 운명이란 것을 바꿀 수 없을까?

바꿀 수 있습니다!

솔깃한가요? 바꿀 수 있지만, 먼저 알아야 할 게 있습니다. 도대체 운명을 바꾼다는 게 '사주적'으로 어떤 의미를 갖느냐 하는 것입니다. 사주 체계 안에서 운명을 정의해야 한다는 얘기지요. 한번 곰곰 생각해보지요. 운명을 '사주적'으로 정의하면 뭐가 될까요?

사주의 중심축은 두 개입니다. 사주의 원래 모양새인 원국이 있고, 시점에 따라 달라지는 대운이 있습니다. 원래 모양새는 한 사람의 기본적 특성을 알려줍니다. 대운은 그 특성이 삶의 전개에 따라 어떻게 요동치는지 그래프로 보여줍니다. 그 두 가지 요소가 결합하면 우리 삶의 한계선 또는 테두리 같은 게 그려집니다. 그 삶의 한계 또는 테두리가 바로 운명입니다.

벗어나고 싶으나 웬만해선 벗어나지지 않는 바로 그 운명. 그 사주적 한계를 벗어나는 방법, 즉 운명을 바꾸는 방법이 딱 하나만 있는 것은 아닙니다. 믿기지 않겠지만 몇 가지 방법이 있습니다.[14] 그러나 가장 잘 듣는 방법 하나만 소개하겠습니다.

가장 좋은 방법은 바로 타인을 자신의 삶 속에 적극적으로 끌어들이는 것입니다. 사주는 어떤 사람이 태어나는 순간 그에게 집결된 오행의 기운에 지배당합니다. 그것은 지극히 개인적 특성입니다. 그 개인적 특성은 우리가 '정체성(identity)의 형성'이라 부르는 과정을 통해 공고해집니다.

---

14 절대 안 바뀔 것 같던 삶의 행로를 바꿔나간 사람들이 역사에서 가끔 등장한다. 그들의 사례를 종합해보면 공통적 특성이 발견된다. 1)선(善)을 쌓았다. 2)자신의 죽음에 관한 명상으로 삶을 진지하게 만들었다. 3)초인적으로 절제했다. 4)종교의 힘을 빌렸다. 5)타인을 자신의 삶 속으로 끌어들이는 데 적극적이었다. 그런데 혹자가 그들의 삶이 확 바뀐 것 자체가 그들의 운명이었다고 고집하면 나도 할 말 없다.

그렇게 공고해진 자신의 특성을 깨뜨려야 운명이 바뀝니다. 자신의 개인적 특성을 깨뜨리기 위해서 우리는 부단히 사람을 만나고 다녀야 합니다. 그렇게 타인을 자신의 삶 속으로 적극적으로 끌어들일 때에만 자신의 사주적 한계, 즉 운명이 무너집니다.

물론 세상에서 사람 만나는 일처럼 피곤한 일도 없을 것입니다. 그런데 그게 힘들다고 계속 방에 틀어박혀 온갖 궁리를 해보십시오. 수많은 책을 깡그리 외워보십시오. 아무리 노력해도 그런 식으로는 바뀌는 게 없습니다.

운(運)을 틔워 새로운 명(命)을 받으려면 끊임없이 사람들을 만나야 합니다.

사주적 운명론은 이것으로 마치겠습니다!

12강

돈과 권력

이번에는 사주 풀이의 시대적 변천에 대해 살펴볼 생각입니다. 사주라고 유행을 타지 않을 리 없지요. 트렌드를 무시하고, 천년을 견뎌낼 방도는 없습니다. 사주 해설가들 역시 트렌드에 적극적으로 반응했습니다. 그 모양새가 어땠는지 잠시 살펴보겠습니다. '사주의 진화'에 대한 얘기로 보셔도 될 것 같습니다.

관운이 어떻소?

조선 시대 한 사대부 집안에 장손이 태어났다고 치겠습니다. 집사 역할을 하는 누군가가 아이의 생년월일시를 기록해놓을 것입니다. 어느 날, 집사는 주인의 명을 받아 사주를 들고 역술인을 찾아갑니다. 역술인은 사주를 이리저리 살핍니다. 그러고는 덕담도 좀 들려주면서, 주의해야 할 일도 일러줍니다. 적당한 이름도 몇 개 지어줍니다.

약간은 긴장한 채 얘기를 듣던 집사가 정작 중요한 얘기는 왜 안 해주느냐는 표정으로 묻습니다.

"그런데 관운은 어떻습니까?"

관운(官運)이란 무얼까요?

아이가 커서 벼슬을 할 수 있겠느냐는 물음입니다. 과거에 급제해 관료가 되면, 어디까지 올라갈 수 있겠느냐는 질문입니다. 어찌 보면 바람이기도 합니다. 다시 말해서, 시대의 권력을 잡을 수 있겠는가, 없겠는가 하는 얘기입니다. 조선 시대 선비 집안에 다른 게 필요치 않았습니다. 관운이 있느냐, 없느냐? 이것이야말로 그 시대 최고의 '문제적 질문'이었던 것입니다.

한번 생각해보십시오. 달리 무엇이 있겠습니까? 요즘처럼 재벌이나 CEO가 될 것도 아니고, 스포츠 스타나 연예인 스타로 이름을 떨칠 것도 아닙니다. 대학교수요? 학문도 사실상 관료가 되기 위한 징검다리에 불과했습니다. 조선 시대에는 출세의 유일한 길이 관직에 오르는 것이었습니다. 남녀노소, 빈부와 관계없이 관운에 대한 관심은 압도적이었습니다.

사주 해설의 관심도 당연히 관운에 쏠릴 수밖에 없다는 점은 이제 이해할 만하겠지요? 사주를 보러 오는 사람은 저마다 관운에 대한 얘기를 듣고 싶어 했고, 그러다 보니 역술인도 관운을 기본으로 하여 풀어낼 줄 알아야 했습니다. 그야말로 관운은 조선 시대 사주계의 '스타'였다고 보면 됩니다.

사주 체계의 스타

그런데 사주가 어때야 관운이 있을까요? 앞서 양반집 자제의 사주를 받아든 역술인은, 해당 사주를 오행으로 치환했을 것입니다. 물론 만세력을 이용해서 말입니다. 그렇게 오행의 조합을 머릿속에 그려놓고, 관운의 존재 여부를 따졌습니다.

앞에서 일간, 그러니까 태어난 날의 천간이 사주를 푸는 데 기본이 된다는 말을 했습니다. 조선 시대 역술인도 다를 게 없었습니다. 일단 일간을 파악했을 겁니다. 파악해보니, 아이의 일간이 병(丙)이었다 합시다. 갑을병정의 바로 그 병입니다. 이것을 오행으로 치환하면 뭐가 될까요?

맞습니다. 바로 불 화(火)가 됩니다. 이제 역술인은 일간을 둘러싼 다른 천간·지지의 오행 구성을 살핍니다. 그가 일차적으로 확인하는 것은 바로 수(水) 기운의 존재였을 것입니다. 그리고 만약 그가 아이의 사주에서 넉넉한 수 기운을 포착할 수 있었다면 망설임 없이 관운에 대한 '썰[說]'을 풀어냈을 것입니다. 화의 일간을 타고난 사람에게 물 수는 바로 관운을 뜻하기 때문입니다.

왜 그럴까요? 오행의 상생·상극 중 수극화(水剋火) 때문입니다. 물은 불을 끕니다. 물이 충분하면 불이 제 성질을 못 이기고 막 타오르려 할 때, 그걸 진정시켜 줍니다. 제어해주는 겁니다. 사주 해설가는 사주에 내재한 제어의 성질을, 인간의 '자기통제'와 연결하였던 것이지요. 자기통제가 가능한 사주를 가진 인물을 두고 '관운이 있다'고 판정했다는 이야기입니다.

전통적으로 관료의 제1덕목이 무엇이었습니까? 바로 수신제가(修身

齊家)였습니다. 자신의 성정을 갈고 닦아 집안부터 다스릴 줄 알아야 관리가 될 수 있다고 생각했습니다. 그리고 치국평천하(治國平天下), 즉 제어와 통제에 능해야, 나라도 다스리고 천하도 호령한다고 봤다는 얘기입니다. 그래서 일간을 제어해주는 오행이 넉넉한 사주를 관운이 깃든 최고의 사주로 봤던 것입니다. 그러니까 요즘 기업가처럼 혁신으로 정신 무장한 채, 블루오션을 향해 과감하게 내지르는 스타일을 예전에는 그리 반기지 않았던 것입니다. 그 얘기는 또 나중에 하겠습니다.

재운의 전성시대

그러나 시대는 바뀌기 마련입니다. 관운에 버금가는 또 다른 강자가 튀어나오기 마련이지요. 권불십년(權不十年), 화무십일홍(花無十日紅)이란 얘기를 하지요. 권세도 10년을 못 가고, 꽃의 아름다운 붉은 빛도 열흘을 못 넘긴다고 합니다. 그렇다고 아예 사라지는 것은 아닙니다. 관운도 나름대로 자신의 위상을 지켰지만, 새로운 '운'이 하나 더 등장하는 것입니다.

그게 바로 재운(財運)입니다. 벼슬 못 해도 장사 잘해서 돈 벌면 출세할 수 있는 시대가 온 것이지요. 장사로 돈 버는 사람들이 생겨났던 조선 중기 이후부터는 관운과 함께 재운이 뜨기 시작합니다. 관운의 독재가 끝나고 재운과의 동거 시대가 찾아옵니다.

그럼 이번엔 재운, 그러니까 돈 버는 사주가 어떤 것인지 알아봐야겠습니다. 오행의 구성이 어때야 재운을 얘기할 수 있을까요?

돈을 잘 벌려면 돈 되는 사업 아이템에 집요하게 달려들 줄 알아야 합니다. 술에 술 탄 듯, 물에 물 탄 듯해서는 절대로 돈을 벌지 못한다는 얘기지요. 어떤 일이든 잡아먹을 기세로 덤벼들어야 돈을 법니다.

그럼, 사주가 어때야 그런 집요한 성격으로 재운을 쟁취하게 될까요? 재운 역시 관운과 마찬가지로 오행의 상극 원리에서 연역해냅니다. 관운을 연역할 때와 같이 '화' 기운을 타고난 사주 주인공을 상정해보겠습니다.

화의 기운이 욕심껏 달려들 수 있는 대상을 찾아야 합니다. 그 기운은 바로 '금'입니다. 화극금(火剋金)이라고 하지요? 단단해 보이는 쇠지만, 불에는 못 당합니다. 불은 쇠를 보면 달려들어, 그 활활 타는 기운으로 녹여버리고 맙니다. 강한 불기운을 타고 났는데(일간), 불의 먹이인 금속의 기운도 충분하다면 사주의 주인공은 돈을 벌어들일 천성입니다. 강한 재운을 타고나는 것입니다.

지구적 차원으로 보자면 18세기 산업혁명 이후 돈이 세상을 지배하고 있는 형국입니다. 그야말로 오랫동안 자본주의 세상이 이어지고 있습니다. 처음엔 상인이, 나중엔 기업인이 세상을 좌지우지하고 있습니다. 모두 돈을 좇는 직업군입니다. 그러다 보니 사주 역시 재운을 포착하는 데 민감해졌습니다.

돈 좇다 몸 망가뜨려

역사적으로 사주의 무게 중심은 관운에서 재운으로 옮겨왔습니다. 물론 이것이 사주 진화의 전모는 아닙니다. 사주의 변천에 대해서는 뒤에서 더 이야기하도록 하고, 여기에서는 사주의 중심이 관운과 재운의 경쟁으로 볼 때, 재운의 힘이 점점 세지고 있다는 점, 그러나 관운을 우습게 봐선 안 된다는 점을 기억하기 바랍니다. 민감한 시기가 되면, 나라를 막론하고 정부 관료들이 재계를 들었다 놓았다 하기 마련이니까요. 재운·관운의 경쟁이야, 돈·권력의 경쟁만큼 인간 사회에 본질적인 것입니다. 계속 그렇게 함께 가겠지요.

그보다 재운과 관련해서 꼭 하고 싶은 얘기가 하나 있습니다. 간략히 얘기하고 다음 강의로 넘어갈까 합니다.

사주 용어 중에 '재다신약(財多身弱)'이란 말이 있습니다. 여기서 '재'와 '신'은 일반적인 한자어로 해석하면 안 됩니다. 사주의 오행 체계 안에서 그 뜻을 먼저 풀어야 합니다.

먼저 '신'은 바로 사주의 주체, 그러니까 일간을 뜻합니다. 먼저 사례에서라면 일간의 오행인 불 화(火)가 '신'이지요. 그럼 '재'는 무얼까요? 바로 불이 화극금(火剋金) 하느라고 쫓아다니는 쇠가 됩니다. 부지런함과 집요함이 돈 버는 데 필수적인 특성이라 말했지요.

그런데 문제가 있습니다. 돈을 제대로 벌려면 '신'과 '재'가 어느 정도 균형을 이뤄야 합니다. 그런데 사주에 '재'의 요소는 넘쳐나는데[財多], 일간 곧 '신'이 너무 약하다는[身弱] 겁니다. 사주가 이렇게 '재다신약'의 상황이 되면 어떤 일이 생길까요? 돈을 버는 게 아니라, 돈 벌려다가 몸만 망친다는 게 사주 해설가들의 충고입니다. 다른 일 모두 작파하고 돈에만 혈안이 돼 있으면, 돈도 따라오지 않는다는 거지요. 바꾸어 말하면, 재다신약의 '재'는 돈에 대한 욕심, '신'은 한자 뜻 그대로 자신의 몸이 되겠네요. 마음을 포함해도 될 것 같습니다.

이번 강의는 여기서 마치겠습니다.

이번 강의에서 '재다신약'만은 꼭 기억했으면 합니다. 집요함과 부

지런함이 돈을 벌어주는 것은 사실이지만, 집요함과 부지런함의 대상
은 돈이 아니라 일이나 사람이겠지요. 그렇게 열심히 사람을 만나고
일에 빠지다 보면 돈은 따라오기 마련입니다.

13강

역마와
도화의
전성시대

사주의 진화와 관련 있는 얘기를 해볼까 합니다. 재운·관운에 관한 이야기보다 뭐랄까, 좀 더 선정적일 수 있습니다. '선정적'이라고는 했지만 외설스럽다는 말이 아니라 좀 더 자극적이라는 의미입니다.

살, 그 독한 기운

살다 보면 횡액(橫厄)을 당할 때가 있습니다. 뜻밖에, 예상치도 못하게, 불행한 일에 맞닥뜨리게 되는 것이죠. 갑작스럽게 사고를 당하기도 하고, 사랑하는 사람을 잃기도 하고, 살던 집이 불타버리기도 하고, 몸이 안 좋아 갑자기 쓰러지기도 합니다.

두려워하며 하루하루 조심스럽게 살아갈 수밖에 없는 게 사람입니다. 오죽하면 『천자문』에 송구공황(悚懼恐惶)이란 말이 있을까요. 송구공황은 넉 자 모두가 '두렵다'는 뜻입니다. 그러니까 두려워하고, 두려워하고, 또 두려워하고, 항상 두려워하며 살아야 한다는 얘기가 되겠지요.

이렇게 어디서 악재가 돌출할지 모르는 게 삶이다 보니, 사주 체계에서도 그런 악재에 대응할 수 있는 이론 같은 게 필요했습니다. 그게 바로 살(煞)입니다. '살'이란 한자어가 좀 생소하긴 한데, 죽일 살(殺)과 같은 뜻입니다. 하지만 뉘앙스는 다릅니다. 뭐랄까, 사람을 해치는 독한 기운 정도로 해석하면 적당할 것 같습니다.

살풀이라고 들어보았죠? 살풀이춤도 있고, 살풀이굿도 있습니다. 살풀이의 '살'이 바로 사주에서 쓰는 살과 같습니다. 앞으로 닥칠 액운을 춤이나 굿으로 풀어보겠다는 게 살풀이인 셈이지요.

별의별 살이 많습니다. 그중엔 좋은 운을 얘기하는 살도 있지만, 역술인이 강조하는 것은 대개 불행과 관련된 살이지요. 그리고 사실은 한자어 '살'의 의미를 볼 때 불행과 관련된 살로 범위를 한정하는 게 맞겠지요.

어쨌거나 어떤 역술인은 액운을 부른다는 살을 상당히 강조합니다. 그 이유야 구구하게 설명하지 않겠습니다. 다만 그렇게 살을 강조하는 사람이 부적을 많이 판다는 정도만 말씀드리겠습니다.

일반적인 설명만 하다 보니 좀 뜬구름 잡는 느낌이 드네요. 역술인이 흔히 발설하는 살 몇 개를 살펴보겠습니다.

백호대살, 원진살, 귀문관살

먼저 백호대살(白虎大煞)입니다.

백호는 동양권에서 상서로운 동물입니다. 좌청룡, 우백호라 하지 않습니까? 백호대살의 백호는 물론 그런 의미가 아닙니다. 누가 그런 걸 문서로 남겨놓진 않았지만, 문맥상 '백'은 백주, 대낮 정도로 따로 풀어야 할 것 같습니다. 환하게 밝은 낮이지요. 이렇게 멀쩡하게 환한 날에 무서운 호랑이가 출현해 사람을 해치는 것이 바로 백호대살입니다. 대낮에 호랑이한테 물려 죽는 운명이 바로 백호대살입니다. 요즘이야 물론 호랑이가 없지요. 그래도 백호대살로 겁주는 역술인이 있습니다. 호랑이에 물려 죽는 대신 교통사고를 당하거나, 대낮에 강도를 당하면 그게 백호대살이라는 것이지요.

원진살(元嗔煞)도 있습니다. 별 이유도 없이 누군가와 원수가 된다는 살입니다. 살다 보면 실제로 이런 일이 있기는 하지요.

귀문관살(鬼門關煞)이란 것도 있습니다. 누군가의 사주에 이 살이 깃들어 있으면, 그 사람은 과대망상증 환자가 된다는 살입니다.

그 외에도 정말 별의별 살이 다 있습니다. 불 날 우려를 암시한다는 탕화살(湯火煞), 어머니와 사이가 안 좋아진다는 효신살(梟神煞), 남편과 사별한다는 과숙살(寡宿煞), 홀아비 팔자 되기 십상이라는 고신살(孤神煞). 그 밖에도 끔찍한 살이 수도 없이 포진하고 있지만, 그만하겠습니다. 너무 끔찍하니까요.

사실, 그 많은 살을 기억할 필요도 없습니다. 사주 해설가들도 요즘엔 그런 끔찍한 살에 크게 관심을 기울이지 않으니까요. 사주는 오행 원리의 체계적인 연역·확장이라고 여러 번 말씀드리고 있습니다. 그런데 살은 그런 체계에서 벗어납니다. 특정 살을 구성하는 사주의 요소가 있긴 한데, 왜 그 요소가 그런 살이 돼야 하는지 논리적으로 설명되지 않는다는 것입니다. 그러다 보니 사주를 업으로 삼는 사람조

차 요즘에는 '살'을 버리고 가는 것이죠. 왜 그런지 자신을 설득할 수 없는데, 어떻게 남의 운명을 두고 살을 들먹일 수 있겠습니까?

살은 그렇게 현대 사주에서 폐기처분의 운명을 맞고 있는데, 그런 상황 속에서도 굳건히 살아남은 살이 두 개가 있습니다. 아마 여러분도 대충 짐작할 겁니다. 요즘엔 일상에서도 자주 거론되는 단어니까요.

역마살과 도화살

바로 역마살(驛馬煞)과 도화살(桃花煞)입니다.

역마살은 다 알지요? 한 곳에 눌러 있지 못하고, 여기저기 돌아다니며 사는 사주를 말합니다. '여기저기'는 지역이 될 수도 있고, 직장이 될 수도 있겠지요. 누구나 주위에 이런 사람들 한두 명씩은 꼭 있지요. 사실은 저도 좀 그렇습니다.

그런데 어떤 사주를 두고 역마살이 끼었다고 판정하는지 궁금할 것 같아, 잠깐 언급해보겠습니다. 어렵지 않습니다. 십이지지를 떠올려야 합니다. 기억나지요? 자축인묘…, 순으로 외면 안 된다고 했습니다.

인묘진 사오미 신유술 해자축

십이지지를 욀 때, 각각의 시작 부분에 해당하는 인·사·신·해에 주목해야 합니다. 사주에 인·사·신·해가 넉넉하게 포진하면, 역마살이 끼었다고 합니다. 의미 부여를 하자면 이렇습니다. 십이지지는 사계절의 기운을 상징하기도 합니다. 인묘진―봄, 사오미―여름, 신유술―

가을, 해자축-겨울 식으로 연결되는 것이지요. 그런데 인·사·신·해는 각 계절의 시작 기운을 뜻합니다. 완숙하진 않지만 천방지축, 제어하지 못할 만큼 역동적인 기운인 것입니다. 사주에 그런 기운이 많으면 에너지를 주체하지 못하고 돌아다니게 된다는 것이지요. 어떤가요? 그럴듯한가요?

그러면 이제 정착하지 못하고 이곳저곳 떠도는 지인에게 생년월일을 달라 하십시오. 그리고 만세력을 돌려 사주를 한번 펼쳐보십시오. 인·사·신·해 중 한두 개는 있을 것입니다. 물론 없을 수도 있습니다. 그렇다고 저를 나무라지는 마십시오. 역마가 아니어도 이동과 전직을 불가피하게 하는 운이 사주 체계 속에는 또 있으니까요.

이제 도화살을 살펴봅시다. 도화가 무엇인지부터 알아야겠지요. 복숭아꽃이 도화입니다. 복숭아야 누구나 알 듯 탐스럽게 생겼습니다. 복숭아꽃도 그렇게 매력적입니다. 대개 분홍빛인데 보는 사람을 유혹하는 아주 아름다운 꽃입니다.

매력, 유혹, 아름다움…. 이런 것이 복숭아꽃의 특성입니다. 도화살도 같은 맥락에서 생각하면 됩니다. 도화살을 가진 사람은 그러니까 요즘 말로 하면 섹시한 매력을 가진 사람이라고 보면 되겠네요.

역마와 도화의 인기

그런데 확실히 해둘 것이 있습니다. 백호대살·원진살·귀문관살도 다 그랬지만, 살이란 게 원래 재앙이나 액운을 암시하는 것입니다. 역마와 도화 역시 살 중 하나이니만큼 불행을 암시했다는 것을 짐작할 수 있습니다. 그리고 실제로 그랬습니다.

사주 해설가들이 입에 올리기 좋아했던 사주가 하나 있습니다. 바로 역마와 도화를 함께 가진 여성의 사주입니다. 이런 사주를 가진 여성에 대해서 역술인은 무엇이라 말했을까요? 이렇게 해설했습니다.

음란해서 부끄러워할 줄 모르고, 애인과 타향으로 도망가는 수가 많다.

근거 없는 비난이 아닙니다. 근대 이전의 시기만 해도 '도화=음란', '역마=도망'의 누명을 쓰고 있었던 것입니다. 그런데 이제 그야말로 격세지감인 셈이지요. 다른, 수많은 살이 자연 도태되는 가운데서 살아남은 것을 넘어 '도화=매력', '역마=변화'의 상징이 돼버렸으니까요. 제가 앞에서 이번 강의도 사주 진화의 연장선상에 있다고 말한 이유를 이제 알겠지요?

역마와 도화는 그렇게 변화와 (성적) 매력을 중시하는 현대 사회가 살려준 것이라 보면 될 것 같습니다. 언제부턴가 한 곳에 정주하지 않는 유목민의 마인드와 라이프 스타일이 큰 인기를 얻고 있지요? 이게 바로 역마의 기운입니다. 또 요즘 연예인만큼 인기 있는 직업이 없습니다. 인기 연예인 중에 도화의 기운을 갖지 않은 연예인은 없을 듯싶습니다.

이처럼 시대가 역마와 도화를 요구하다 보니, 역술인도 사주 해설을 하면서 역마와 도화를 남발하는 경향이 있습니다. 사주에 역마와 도화의 기미만 보이면, 중요한 것 하나 잡아냈다는 듯 '역마!' '도화!'를 외쳐댑니다.

그러니 혹시 점 보러 갔다가 역마살이나 도화살이 있다는 이야기를 들더라도 너무 흥분하지 말고, 절반만 믿으십시오. 행여 역마와 도화의 기운이 실제로 풍성하더라도 너무 매달리지 않았으면 합니다.

누구라도 쉬지 않고 움직이기만 하면서 살지는 못합니다. 또 어떤 여성이 죽을 때까지 섹시한 매력만 줄기차게 내뿜는다고 생각해보십시오. 그것도 좀 난감하지 않을까요? 아닌가요?

14강

삼재와 부적

사주에 대한 강의도 이제 막바지에 다다르고 있습니다. 방대한 것인지 잡다한 것인지 모르겠지만, 어쨌든 적지 않은 내용을 10강 정도에 요약해 넣는 게 쉽지 않은 일이네요. 그래서 사주의 어떤 요소를 다룰 것인가, 그것을 선택하는 게 갈수록 중요해지는 느낌인데요. 고심 끝에 삼재(三災)에 대해서 다뤄보기로 했습니다.

삼재란 무엇인가?

삼재는 사실, 사주 체계에서 차지하는 비중이 그리 크지 않습니다. 또 사주의 중핵이라 할 오행과의 연관성도 미미한 편입니다. 알고 보면 기계적이라 할 만큼 단순하기도 합니다. 그런데 연말·연초만 되면 상당히 많은 사람이 관심을 기울입니다.

내가 올해 삼재에 들었대. 어디 아플까 봐 걱정이야.

삼재라는데 어디 가서 부적이라도 해야 하나.

도대체 삼재가 무엇이기에 그렇게들 걱정하고 관심 갖는 걸까요?
삼재는 말 그대로 세 가지 재앙을 말합니다. 그런데 그 세 가지의 내
용이 왔다 갔다 합니다. 삼재에 관해, 가장 흔한 해설은 곤궁한 시절
의 사회상을 극명하게 반영합니다.

칼 같은 무기로 인해 입는 재난

전염병에 걸리는 재난

굶주림에 시달리는 재난

이 정도 재앙을 한꺼번에 당하려면 물론 전쟁이 일어나야 할 것입
니다. 그리고 실제로도 그런 시절이 있었지요. 예컨대 몽고의 침략이
라든가, 임진왜란이라든가, 한국전쟁 때에는 정치·사회적 삼재가 가
능했겠지요. 하지만 보통 사람들이 일상의 상황에서 겪을 재앙이라고
보긴 물론 어렵습니다.

삼재의 확장

그런데 그렇게 재앙의 내용이 일상에서 멀어지면 삼재 자체가 살아
남기 어려워지겠지요. 그러다 보니, 삼재의 내용이 추상화되기도 합
니다. 추상화란 게 그렇습니다. 적용 범위가 훨씬 넓어지게 되지요.

불의 재난[火災]

바람의 재난[風災]

물의 재난[水災]

어떤가요? 느낌이 좀 오지요? 왜 이런 확장과 추상화가 필요한지도 짐작할 수 있으리라 생각합니다. 재앙의 내용을 이 정도로 해놓으면 누구도 그 잠재적 두려움을 피해갈 길이 없게 됩니다. 살다 보면 갑자기 살던 집에 불이 나 피해를 볼 수도 있습니다. 태풍이나 홍수로 인한 피해도 잦은 편입니다.

하지만 만약, 만약에 말입니다. 삼재로 인한 두려움과 공포로 모종의 이득을 보는 사람이 있다고 하면, 자연재해만으로는 미진하다고 느낄 것입니다. 삼재에 더 확실하고 자극적인 내용을 심어주고 싶을 것입니다. 작정하고 많은 사람의 관심을 불러일으키자면 무엇을 건드려야 할까요? 삼재에 관해 이런 해석도 나옵니다.

수종, 심화, 풍병

가장 확실한 방법, 바로 개인의 건강에 관한 두려움을 자극하는 것입니다. 수종(水腫)은 신장 같은 데 문제가 생겨 몸이 붓는 것을 말합니다. 심화(心火)는 울화로 인해 생기는 화병이지요. 풍병(風病)은 중풍 같은 병입니다. 삼재가 이렇게 신진대사의 이상 문제로 해석되면 겁나지 않을 사람이 없지요.

게다가 앞서 얘기한 삼재의 의미가 함께 뒤섞인다고 생각해보세요. 삼재는 언제나, 누구에게나 일어날 수 있는 불행이 되는 것입니다. 연말·연초만 되면 삼재, 삼재 하고 걱정하게 되는 것이지요.

삼재의 시기

이렇게 삼재가 '불행 일반'을 뜻하게 되면, 사실 그 내용을 구분하는 게 무의미해집니다. 실제로 그렇지요. 삼재가 무엇인지 요즘에는 그리 신경 쓰지 않거든요. 그보다 중요한 것은 그 불행이 나한테 언제 찾아오느냐, 바로 이겁니다.

그런데 삼재가 언제 들어오느냐를 판단하는 방법은 너무 간단해서 허탈하기까지 합니다. 결론부터 말하자면 삼재는 12년에 한 번씩 정기적으로 찾아와 3년간 사람들의 삶을 교란시키는데, 태어난 해에 따라 삼재가 찾아오는 해가 아래와 같이 달라집니다.

띠	해	예
호랑이[寅], 말[午], 개[戌]	원숭이[申]	갑신년, 병신년, 무신년, 경신년 등
뱀[巳], 닭[酉], 소[丑]	돼지[亥]	을해년, 정해년, 기해년, 신해년 등
원숭이[申], 쥐[子], 용[辰]	호랑이[寅]	갑인년, 병인년, 무인년, 경인년 등
돼지[亥], 토끼[卯], 양[未]	뱀[巳]	을사년, 정사년, 기사년, 신사년 등

그러니까 예컨대 2016년은 병신년이니까, 호랑이띠·말띠·개띠인 사람은 그해부터 3년간 삼재의 시기에 돌입하는 것입니다. 그리고 2019년은 기해년이니까 뱀띠·닭띠·소띠인 사람의 삼재가 그해부터 시작됩니다.

규칙이 궁금할 겁니다. 띠 동물 옆에 십이지지를 한자로 써놓은 것은 그 때문입니다. 조금 복잡할 수 있지만, 십이지지를 인묘진·사오미·신유술·해자축으로 외운 사람은 무리 없이 이해할 수 있습니다. '인묘진…' 십이지지를 아래서 위로, 왼쪽에서 오른쪽으로 써 나가면 이렇게 됩니다.

辰(진)	未(미)	戌(술)	丑(축)
卯(묘)	午(오)	酉(유)	子(자)
寅(인)	巳(사)	申(신)	亥(해)

辰(진)	未(미)	戌(술)	丑(축)
卯(묘)	午(오)	酉(유)	子(자)
寅(인)	巳(사)	申(신)	亥(해)

띠로 설명한 내용과 비교하며 보십시오. 위의 두 줄, 호랑이·말·개띠의 경우와 뱀·닭·소띠의 경우만 도표로 치환했습니다. 왼쪽을 보면 십이지지 중 인·오·술이 호랑이·말·개띠입니다. 이 경우 삼재의 시작이 '신'이 들어가는 해가 됩니다. 오른쪽을 보면 십이지지 중 '사·유·축'이 뱀·닭·소띠에 해당합니다. '해'가 들어가는 해에 삼재가 시작됩니다.

어떻습니까? 이해가 되나요? 대단히 기계적인 방법으로 삼재의 시작 연도를 뽑는 것을 알 수 있습니다. 그런데 '인·오·술'이나 '사·유·축'을 한데 묶는 것은 또 어떤 이유인가 궁금할 수 있습니다. 사주에서 삼합(三合)이라고 지칭하는 것인데, 그에 대한 설명까지는 가지 않겠습니다. 직업으로 삼지 않을 바에야, 그렇게 자세하게 알 필요는 없을 듯합니다.

부적

알고 보면 대단히 기계적이고 단순한 방식이 사주를 모르는 일반인에게는 신비하게 느껴질 수 있습니다. 그런데 사실은 별것 없습니다. 누구나 자신에게 삼재가 들어오는 해를 쉽게 계산할 수 있는 것이지요. 그런데 옛날에는 간지에 대한 지식 자체가 극소수의 전유물이었습니다.

그런데 삼재가 전문가의 영역으로 오해되다 보니, 웃지 못할 일이 생깁니다. 간지에 대해 좀 아는 사람들이 삼재를 들먹이며 부적 장사를 하게 된 것이지요. 대개 삼두일족응(三頭一足鷹)이라고 머리 세 개에 다리는 하나만 있는 매가 그려진 부적을 주로 씁니다. 요즘에도 이런 부적이 10~20만 원은 족히 나갑니다. 굿을 권하는 경우도 있는데, 이 경우는 300~400만 원이 우습지요.

그런데 정말 우습다고 생각하지 않으십니까? 내용도 불분명한 재앙이 12년에 한 번씩, 그것도 정해진 해에 들어온다? 그리고 3년을 간다. 그러니 그 재앙을 멸하려면 부적을 써라. 아니면 굿을 하라. 아니면 절에서 제사라도 지내라 등등.

물론 살면서 조심하는 것은 좋습니다. 하지만 불행이 어떻게 12년에 한 번씩 정기적으로 찾아올 수 있을까요? 너무 작위적이란 게 제 생각입니다. 여러분도 한번 판단해보시길 바랍니다.

삶의 현장이란 게 도처에 함정이 도사립니다. 흔히 인생에서 겪는 어려움을 삼재팔난(三災八難)이라고 하는데요. 삼재가 됐건, 팔난이 됐건 불행은 언제든 찾아올 수 있으니 항상 대비하고 절제하며 살아야 하는 게 맞습니다. 다만 그 주기를 무조건 12년으로 보고, 그게 무서워 부적이나 굿에 큰돈을 바치는 것은 다시 한 번 생각해볼 일입니다.

포인트카드는 현대판 부적?

그래서 저는 주위에서 "삼재라는데 부적이라도 해야 하느냐?"고 묻는 사람들한테 농반진반으로 권하는 게 있습니다. 바로 요즘 대기업이 흔히 발행하는 포인트카드나 하나씩 챙기라고요.

이쯤 되면 만세력으로 자기 사주는 뽑아볼 수 있으리라 봅니다. (혹시 아직도…?) 사주를 오행으로 치환해놓으면 없거나 부족한 오행 요소가 한두 개 있기 마련입니다. 저 같은 경우는 사주에 아예 '수'의 기운이 없습니다. 물론 '목'의 기운이 없는 분도 있고, '금'의 기운이 없는 분도 있겠지요.

그런데 앞에서 오행을 말할 때 오행과 색깔의 관계도 설명했는데, 혹시 기억나나요?

오행(五行)	목(木)	화(火)	토(土)	금(金)	수(水)
오색(五色)	청(靑)	적(赤)	황(黃)	백(白)	흑(黑)

다른 말씀이 아닙니다. 자신에게 부족한 오행의 색을 포인트카드로 보충하란 이야기를 하고 싶었던 겁니다. 포인트카드를 보면 대개 색깔이 다양합니다. 수의 기운이 부족한 저는 한 기업에서 발행한 검은색의 포인트카드를 지갑에 하나 넣고 다닙니다. 현대판 부적인 셈이지요.

무슨 그런 유치한 행동을 하느냐고 핀잔줄 수도 있습니다. 그래도 저는 몇 년에 한 번씩 혹시, 올해 나한테 삼재가 들어오지 않을까 불안해하다, 때때로 고가의 부적을 쓰는 것보다는 훨씬 낫다고 생각합니다.

조심하더라도 평소에 조금씩 하는 게 낫겠지요. 12년에 한 번씩 3년간 몰아서 하는 것보다 말입니다. 적어도 강호인문학을 읽은 독자라면, 실체 없는 삼재에 대한 두려움을 과감히 날려버릴 수 있겠지요?

삼재에 대한 강의는 이것으로 마치겠습니다.

15강

사주는
위로다

〈사주편〉의 마지막 강의입니다. 간략하지만 천간과 지지, 만세력, 사주보는 법, 사주에서 말하는 운명에 대해서 정리해봤습니다. 이 모든 것들이 궁극적으로는 목·화·토·금·수 오행으로 귀결된다는 사실 이해했으리라 생각합니다.

그럼에도 불구하고 다루지 못한 이야기들이 많아 아쉽지만, 세상살이라는 게 항상 미흡하고 안타깝고 그런 것이지요. 아쉬운 대로 미뤄왔던 질문 하나 던지면서 사주 이야기를 마치겠습니다. 자, 마지막 질문 나갑니다.

"사주, 어디까지 믿을 것인가?"

어디까지 믿을 것인가?

대부분의 사람들이 한 번 정도는 사주로 점을 봤을 겁니다. 5만 원 정도 내는 점집에 간 분도 있고, 사주카페에서 본 분도 있을 테고, 온라인 사주를 이용한 분도 있겠지요. 최소한 제가 강의 도중 일러드린 방법으로 만세력 애플리케이션을 다운로드 받아서 본인 사주는 뽑아 보셨으리라 생각합니다. 이제 거의 강요 수준인 셈이네요. 안 하셨으면 지금이라도…. 어떤 메시지를 받으셨나요?

"지금은 직장을 옮길 때가 아니다! 한 2년 정도 있다가 다시 생각해 봐라."

"결혼? 두 사람 모두한테 좋을 게 없어. 포기해."

"겉으로만 강하지 내성적이어서 상처를 많이 받는 거야. 나약한 자신을 인정해야 사는 게 편해져."

"사업? 게다가 동업을? 그건 절대 안 돼. 누구랑 뭘 같이할 사주가 아니야."

역술인이 들려주는 이야기는 다양합니다. 직장, 이성, 돈, 사업 등에 관한 모종의 메시지를 던져줍니다. 어떻게 했나요? 역술인의 말을 그대로 따랐나요? 이직을 미루고, 파혼을 하고, 성격을 바꾸기 위해 노력하고, 사업 시기를 조정했나요?

신중해야겠다고 다짐은 했겠지만, 역술인의 메시지를 100퍼센트 따르지는 않았으리라 생각합니다. 그리고 역술인도 대부분 확정적인 '지시'를 내리는 경우가 드뭅니다. 친한 후배가 그러더군요. "인생은 셀프!"라고요. 그렇죠! 선택이야 본인이 하는 것이니 역술인의 말은 참고자료일 뿐입니다. 그리고 역술인도 지나치게 확정적인 메시지를 전달해 위험을 감수할 만큼 아마추어도 아닙니다.

정리하겠습니다. 사주의 신뢰성과 관련해서, 먼저 맞닥뜨리게 되는 것이 점사(占辭), 그러니까 점쟁이가 전하는 메시지의 신뢰성인데요. 이 문제와 관련해 재미난 실험이 있습니다. 흔히 말하는 '심리 실험'이죠.

포러의 증명

1940년대 실험이니까 이미 수십 년 지난 '구닥다리'인데도, 요즘 가끔 인용되는 것을 보면 대단히 원형적인 실험인 모양입니다. 버트램 포러(Bertram Forer)[15]가 수십 명의 학생에게 성격 분석 용도의 설문을 돌렸습니다. 설문을 회수해 성격 분석을 마친 뒤, 학생 개개인에게 개별적으로 '과학적으로 분석'한 결과지를 나눠주었습니다. 그중 한 학생의 성격은 아래와 같이 설명해놓았습니다.

당신은 주위 사람들이 당신을 좋아하고 칭찬해줬으면 하면서도, 정작 스스로는 자기 자신에게 비판적이다. 성격적으로 몇 가지 약점을 지니고 있긴 하지만, 일상생활을 하는 데 탈이 있을 정도는 아니다. 당신은 아직 활용하지 못한 재능을 많이 가지고 있다. 남들 보기엔 절제와 자기통제에 능하지만, 속으로 걱정도 많고, 불안해할 때도 많다. 올바른 결정을 내릴 수 있을까, 상황에 맞게 행동할 수 있을까, 심각하게 고민한다.

---

15 버트램 포러(1914~2000)는 미국의 심리학자다. 본문에 언급된 실험은 1948년에 이뤄진 것으로 각종 성격 테스트들의 허구성을 입증하는 데 자주 인용된다. 포러는 같은 실험을 대상을 달리해 수백 번 실시했고, 그때마다 비슷한 결과를 얻었다고 한다. 사람들은 지극히 일반적인 묘사를 자신만의 것으로 오해한다.

성격 분석 결과지를 받아든 학생은 놀라기도 하고 신기하기도 했습니다. 적중률이 상당하다고 느꼈으니까요. 다른 학생들도 결과에 아주 만족한 모양새였습니다. 왜냐하면, 포러 교수가 학생들에게 실험 결과에 점수를 매기라고 했거든요. 그러니까 자신의 성격이 얼마나 실재에 부합하느냐를 점수로 환산하라 지시한 거지요. 그게 평균 90점 이상이었다고 합니다. 이 정도면 포러의 분석은 족집게 수준인 셈이지요.

어떤가요? 용하다는 점집 찾아가는 심정으로 포러의 실험에 동참해보고 싶지 않나요? 그럼, 포러 교수의 실험 방법을 공개해보겠습니다.

그런데 그럴 필요가 전혀 없습니다. 왜냐하면 기법이랄 게 전혀 없었으니까요. 재미있게도 포러 교수는 학생들이 작성한 설문지를 쳐다보지도 않았다고 합니다. 신문의 〈점성술란〉에 자주 나오는 문장을 이리저리 엮은 것뿐이랍니다. 학생들에게 나눠준 결과도 사실은 단 하나였고요. 같은 내용을 복사해서 나눠준 것이지요. 학생들은 모두 똑같은 텍스트에 감동한 것이고요. 족집게가 아니라 사기였네요!

포러 교수의 실험은 점성술, 바이오리듬[16], 에니어그램[17] 등 다양한 운명 예측 기법의 허구성을 드러낸 고전적 사례로 꼽힙니다. 포러 교수는 논문에서 운명 예측의 해설, 그러니까 우리 식으로 말하면 점사의 특징을 이렇게 정리했습니다.

모호하고(vague), 일반적인(general)

---

16 인간의 신체·감성·지성은 활동적일(예민할) 때도 있고, 그렇지 못할 때도 있다. 그게 일정한 주기를 갖고 변화한다는 이론이다. 운명론의 근거로 자주 이용된다.
17 사람의 성격을 9가지 유형으로 나누어 분석하는 이론이다.

모호하고 누구에게나 적용되는 보편적 이야기가 바로 운명 예측 메시지의 특성이라는 말입니다. 점집에서 들었던 이야기들 한번 곱씹어 보십시오. 정말 그런지 말이죠.

치명적 결함

물론 포러의 증명이 사주 체계 자체에 대한 공격은 아닙니다. 사주를 포함한 점(占), 그중에서도 점의 부정적 측면에 대한 비판으로 봐야 할 것입니다. 사주 체계 자체에는 결함이 없는가, 이것을 살펴보아야 합니다.

그럼 오행으로부터 연역하는 사주 체계에는 문제가 없을까요? 있습니다. 그리고 그 결함은 현대의 사주 체계가 비급으로 내세운 일간의 존재에 있습니다. 기억나나요, 일간? 바로 태어난 날의 천간·지지 중 천간에 해당하는 부분입니다. 천년 전 한 천재가 일간의 존재를 사주 풀이의 중심으로 삼으면서 사주 체계가 추상화되고, 진입 장벽도 높아졌다고 말한 적이 있습니다. 이후 사주 해설은 일간을 중심으로 이뤄졌다고 말했지요. 그런데 그 일간이 허구일 수 있다는 얘기입니다.

자, 한번 생각해보지요. 일간은 '갑'의 날로부터 시작해, '을'의 날, '병'의 날, '정'의 날, '무'의 날 식으로 돌고 돕니다. 그리고 그게 만세력에 표시돼 있습니다. 그런데 치명적 문제가 하나 발생합니다. 만세력에 표시된 일간의 기준이 되는 날, 말하자면 첫 번째 갑의 날이겠지요. 그 갑의 날이 언제인가 하는 것입니다. 특정할 수 있느냐는 것입니다.

아쉽게도 아무도 특정하지 못합니다. 이번 강의 서두에 말씀드렸듯이, 세상살이 자체가 아쉬운 것이긴 하지만 그래도 어떤 체계의 핵심 또는 근간이 아쉬우면 안 되겠지요. 그러나 안타깝게도 그렇습니다. 오늘이 왜 '갑'의 날이어서 오행으로 '목'이 되는지, 내일은 또 '자'나 '축'의 날이어서 오행으로 '수'가 되는지, 누구도 그 근거와 기준을 대지 못한다는 것입니다. 사주 체계는 지극히 싱거운 부분에서 뿌리째 흔들릴 위험성을 갖는 것입니다.

이 정도까지만 하겠습니다. 사주의 이론적 정합성에 대한 내밀한 탐구는 우리 강의의 범위를 넘어섭니다. 사주의 결함에 대한 이야기는 이쯤에서 접기로 합시다.

다만, 사주의 그러한 결함은 어디 은밀한 곳에 꼭꼭 숨은 것이 아니란 점만 확실히 해둘까 합니다. 약간의 관심만 기울이면 알 수 있는 곳에 결함이 존재했지만, 넘어갔던 것이지요. 그것은 사주라는 성격 분석과 운명 예측 체계에 그 결함을 뛰어넘는 미덕이 존재했기 때문일 것입니다.

삶의 드라마, 그리고 위로

그 미덕은 바로 사주가 천년 넘는 기간 동안 축적해온 데이터베이스에 있는 것 아닌가, 저는 조심스럽게 진단합니다.

사주 체계 전체는 궁극적으로 단 하나의 과녁을 향합니다. 무엇이겠습니까? 바로 운명이라는 이름의 과녁입니다. 그러나 그 과녁, 운명은 사실 불가지(不可知)의 영역입니다. 인간의 머리로는 아무래도 알 수가 없다고 해서 '불가지'입니다.

사주계의 천재들은 불가지의 영역에 접근하기 위해 천년의 세월을 부지런히 움직여왔지요. 위로는 황제, 영웅·호걸들도 만나고, 아래로는 저잣거리의 상인, 때로는 도둑이나 사기꾼까지도 만났습니다. 그들의 삶에 관한 정보를 꾸준히 모아왔습니다. 근·현대에 들어서도 마찬가지였지요. 역사의 전개와 함께 등장한 새로운 인간 군상도 쉬지 않고 탐구했습니다. 재벌가와 기업가로부터 대중문화계의 이런저런 스타까지 가리지 않았지요.

그렇게 축적한 수많은 이들의 삶, 그 안에 은밀하게 보존된 삶의 희로애락, 그것은 정말 어떤 학문 체계도 갖지 못한 사주 체계의 강력한 무기라고 볼 수 있습니다. 그 데이터베이스에는 많은 사람의 파란만장한 삶이, 두세 시간짜리 동영상을 뛰어넘는 밀도로 담겨 있다고 보면 됩니다.

동서고금의 사주 해설가들은(물론 사이비들은 제외해야 합니다) 그 드라마들에 대한 지식과 직관을 가지고 사람의 운명을 예측합니다. 예측이 아니라 해도 좋습니다. 적어도 개개인의 사주에 깃든 운명적 암시를 뽑아내는 것이죠.

그런데 그 '암시'는 사주 체계가 간직하고 있는 삶의 드라마와 희로애락에서 자유롭지 못합니다. 아니, 자유로울 필요가 없습니다. 사주로 파악하고, 데이터베이스화하고, 발설하는 운명의 내용 자체가 희로애락의 씨줄과 날줄로 엮여 있기 때문입니다.

사주를 본다는 것은 그래서 천년에 걸친 수많은 이들의 삶, 그 드라마를 내 것으로 받아들이는 행위입니다. 그리고 그 드라마를 받아들이는 동안 우리는 위로를 받습니다. 모든 이의 삶에는 봄·여름·가을·

겨울의 사계절처럼 늘 좋은 일만 있는 것도, 힘들고 어려운 일만 계속되는 것도 아니라고 사주는 말해줍니다. 사주는 그렇게 오랫동안 우리네 삶 속에서 위로를 주며 '사람' 곁을 지켜왔습니다. 그리고 그 미덕으로 인해 천년을 살아남았습니다. 앞으로도 한참을 살아낼 수 있을 것이라고 생각합니다.

제3부

풍수 : 공간, 환경, 지리

16강

풍수,
그 정치적
이야기

강호인문학의 두 번째 큰 주제는 풍수(風水)입니다.

이야기를 시작하기 전에 풍수라는 용어에 대해 잠깐 생각해볼까 합니다. 바람과 물이라…. 종잡을 수 없는 이름이지요? 사주도 그랬습니다. 4개의 기둥이라…. 담고 있는 내용이 무엇인지 단어만으로는 알 수 없습니다. 뜬구름 잡는 느낌이지요. 그래서 막연하긴 하지만, 풍수라는 말로 연상되는 이미지를 두서없이 한번 떠올려볼까 합니다.

잡술? 사술?

'풍수' 하면 무엇이 떠오르나요?

아마도 인테리어를 쉽게 떠올릴 것 같습니다. '풍수 인테리어'라는 이름으로 온갖 정보가 넘쳐나지요? 침대를 벽에서 약간 떼어놓으라든지, 소파는 현관을 등지게 배치해야 한다든지, 냉장고와 가스레인지는 거리를 두고 있어야 한다든지 등의 말을 많이 합니다.

그리고 기(氣)도 많이 이야기하지요. 기가 집안에 자연스럽게 들어올 수 있도록, 현관에 신발이나 우산을 어지럽게 두는 일이 없어야 한다고 말입니다. 베란다 확장과 관련해서도, 풍수와 관련한 찬반 논의가 있습니다. 들으시기에 어떻습니까? 풍수 인테리어에 대해 강의하는 분들도 많고 해서, 미안하기도 하지만, 좀 잡(雜)스럽다는 느낌이 들진 않으시나요? 미안한 것은 미안한 것이고, 우리가 쉽게 떠올릴 수 있는 풍수의 면모는 사실 잡술에 가까워 보입니다.

풍수, 하면 또 하나가 생각납니다. 바로 무덤입니다. 대통령 선거이건, 총선이건 기억나는 대로 당시 상황을 한번 떠올려보십시오. 묏자리, 그러니까 조상 묘에 관한 얘기가 언론에 한두 번은 꼭 등장합니다. 선거에 나온 누구누구가 선거를 앞두고 선친 묘를 옮겼다더라, 누구누구는 묏자리가 안 좋아 선거 전망이 안 좋다더라 등등.

현대인의 시각에서, 또 합리적인 시각에서 이런 얘기들은 사술(邪術)로밖에 들리지 않습니다. 선거를 앞두고 조상 묘에 신경 쓰고, 선거에 떨어지면 묏자리를 탓하다니요. 기이하지만 풍수의 현주소가 그렇습니다. 인테리어든, 묏자리 풍수든 그 이유를 곱씹어보고 따져보면 근거가 없는 것은 아니지만, 현대인의 시각에서 일단 잡술에 사술정도로 인식되기 마련입니다.

사술 아니면 잡술!

초라하기 그지없는 평가지요. 하지만 지금부터 설명할 풍수는 그렇지 않습니다. 풍수의 시작은 참으로 거대했습니다. 자, 지금부터 풍수의 화려한 이야기를 시작하겠습니다.

거대한 시작

나이 들면서 가장 부러운 사람이, 우리 산하 이곳저곳을 유람하는 분들입니다. 지금으로부터 1,100여 년 전, 한반도에도 그런 이들이 있었습니다. 바로 선승(禪僧)입니다. 행각(行脚)이라고 하지요. 절에 일정 기간 머물다가, 다른 절로 가는 중간에 우리 산천을 걷고 또 걷는…. 그것도 일종의 수행이라고 들었습니다.

당시 한반도는 대단한 혼란기였습니다. 천년제국 신라가 망해가고, 각지에서 대권을 노리는 영웅이 발호할 때였습니다. 선승[18]은 당대의 선구적 지식인이었고, 그래서 영웅들은 그들의 도움을 원했습니다.

어떤 도움을 원했을까요? 자신이 다스릴 나라의 강역(疆域)을 어디로 삼을 것인가, 또 수도는 어디로 정할 것인가에 대한 답을 듣고 싶어 했지요. 자신이 세울 나라의 국운에 대해서도 자문을 받았습니다. 그도 그럴 것이, 선승이야말로 중국으로부터 수입된 지식·이념과 함께 나라를 세우는 데 필수적인 지리적 식견까지 갖춘 사람들이었으니까요. 그리고 그때 당시의 새로운 영웅과 선승을 맺어준 지식 체계가 바로 풍수였습니다.

물론 풍수의 원류는 신라나 후삼국이 아니라 그보다 조금 앞선 시기의 중국입니다. 하지만 우리나라의 풍수는 자생적 역사를 갖고 있습니다. 그러나 그 자생적 역사의 시작은 극도로 정치적이었습니다. 선승 집단과 지방 호족 간 네트워크 속에서 탄생한 고도의 정치 전략, 그 거대 담론이 바로 풍수였다는 얘기입니다.

---

18 선불교의 반대편에 신라 왕실과 밀착했던 교종이 있었다. 선승들은 교종과 대척점에 있었던 자신들의 신앙에 특유의 행각을 통해 얻은 지리적 식견과 변혁 의지를 더해 풍수라는 이름의 새로운 이데올로기를 엮어냈다.

도선(道詵)이란 승려를 들어보았나요? 신라 말, 후삼국의 시대에 풍수라는 신종 이데올로기를 전파한 이들이 선승 집단인데, 그 집단의 상징 인물이 바로 도선입니다. 도선은 나중에 숱한 전설로 감싸지는 바람에, 오늘날 역사적 실체를 파악하기가 쉽지 않습니다. 이런 경우 도선을, 굳이 역사적 개인으로 볼 필요도 없다는 게 제 생각입니다. 변혁 세력이었던 선승 집단을 떠올리면 그만이지요.

태조 왕건의 유언

정치 전략, 이데올로기로서의 풍수의 면모를 극명하게 보여주는 사례가 있습니다. 바로 고려를 세운 왕건(王建)의 「훈요십조訓要十條」입니다. 왕건은 죽기 전에, 총애하던 박술희에게 자손들에게 전해줄 유언을 은밀히 부탁합니다. 고등학교 국사 시간에 한 번쯤은 들었을 내용입니다. 대강 이런 내용입니다.

제1훈, 고려 창건은 제불(諸佛)의 호위와 지덕(地德)의 도움이다.

제2훈, 천년 왕국 신라의 멸망은 절과 탑을 무분별하게 만든 탓이다. 고려의 사원은 도선이 산수(山水)의 순역(順逆)을 보고 만든 것이니 함부로 건들지 마라.

제5훈, 서경(西京, 평양)을 중시해야 한다. 그곳의 수덕(水德)이 순조로워 우리나라 지맥(地脈)의 근본이 되기 때문이다. 대업은 산천(山川)의 도움으로 이뤄졌다.

제8훈, 후백제 사람을 등용하지 마라. 차령 이남의 산세와 지형이 배역(背逆)의 형세이기 때문이다.

한번 꼼꼼히 읽어보십시오. 왕건은 혼란의 시대를 제압한 그야말로 노회한 정치가였습니다. 그런데 그가 남긴 유언 속에는 지덕, 산수의 순역, 산천의 도움, 지형에 관한 얘기가 나옵니다. 고려의 창건도, 신라의 멸망도, 차령 이남 사람의 배제도 이른바 풍수에 기반을 둔 것입니다.

지기쇠왕설

풍수가 당초에 어떤 위상을 가지고 있었는지 이제 대강 짐작할 수 있을 것입니다. 이후로도 한참 동안 풍수의 위상에는 흔들림이 없었습니다.

다시 고등학교 국사 시간 얘기를 해야겠습니다. '묘청의 난'이라고 들어보았지요? 근대의 걸출한 역사가 신채호 선생이 '조선 역사상 1000년 내 제1사건'이라 칭했을 만큼 중요한, 그러나 불발에 그쳤던 쿠데타입니다.

묘청은 고려의 수도를 서경(평양)으로 옮기자고 주장했는데, 이것은 보통 일이 아니었지요. 고려의 지배 세력 전체를 바꾸자는 이야기였습니다. 그런데 묘청이 천도를 주장하며 그 근거로 삼았던 논리가 바로 '지기쇠왕설(地氣衰旺說)'이었습니다. 한자를 보면 어렵지 않게 짐작할 수 있는 내용입니다. 땅의 기운[地氣]이 약해지고 강해진다[衰旺]는 뜻입니다.

그러니까, 개경의 기운이 '쇠'하고, 서경의 기운이 '왕'했다는 게 묘청의 주장이었지요. 풍수가 다시 정치 전략으로 동원된 상황입니다. 혁명을 꿈꾸던 진보적 지식인 집단이 풍수적 사고를 자신들의 주요한 이데올로기로 내세웠던 것입니다.

지기쇠왕설의 위력은 대단했습니다. 조선 왕조 초기를 한번 상상해 보십시오. 태조 이성계는 나라 이름보다 도읍 문제에 더 신경을 썼습니다. 이성계는 개성의 지기가 이미 쇠약해져서 그곳에 도읍을 둔 상태로는 새 시대를 열 수 없을 것이라고 심각하게 우려했다고 합니다. 우려가 아니라 그렇게 정치 선전을 해야 했던 것이겠지요.

그리고 어떻게 했습니까? 곧바로 한양으로 도읍을 바꿔버렸지요. 조선 건국 때 역시 정치·전략 풍수는 그 위상이 대단했습니다. 그 후에도 간헐적이지만, 조선 시대 반체제 세력의 중요 전략으로 풍수가 호출되곤 했습니다. 『정감록鄭鑑錄』[19] 같은 경우가 그렇습니다. 정감록은 처음부터 끝까지 풍수지리서인데, 사회가 혼란스럽기만 하면 저항 세력의 경전으로 등장했습니다.

풍수의 몰락

신라, 후삼국, 고려, 조선으로 이어지는 역사를 너무 빡빡하게 했나요? 그래도 이 얘기만은 꼭 하고 싶었습니다. 강의 초반에 여러분과 이야기한 대로, 풍수에 대한 오늘날의 이미지는 잡술(인테리어 팁)이나 사술(무덤 위치 고르기)에 가깝습니다. 그래서 원래 풍수는 그런 모습이 아니었음을 알리고 싶었습니다.

들어보니 어떤가요? 그야말로 상전벽해(桑田碧海)에 격세지감(隔世之感) 아닌가요? 500년 전까지만 해도(사실 500년이 짧은 세월은 아니

---

19 『정감록』은 한 권의 책이 아니다. 편집본에 따라 다르지만, 대개 첫머리에 등장하는 「감결鑑訣」에, 「동국역대기수본궁음양결」, 「역대왕도본궁수」 등 다양한 비기(秘記)를 한데 모아 부르는 이름이다. 좁은 뜻의 『정감록』을 말할 때는 「감결」 하나만을 지칭하는 것으로 보면 된다.

죠!) 최고 엘리트 집단의 정치 전략, 이데올로기였던 사상 체계가 야산의 무덤과 20~30평대 아파트 내부로 들어와야 했으니까 말입니다.

풍수의 역사는 한마디로 몰락의 역사라 할 수 있습니다. 여행지에서 우두커니 주위 산천을 둘러보자면 왕왕 서글퍼집니다. 풍수의 슬픈 운명이 떠올라서 말입니다. 혹시 이문열의 『황제를 위하여』를 읽어본 분이 있나요? 현대를 사는 사내가 자신을 『정감록』에서 예언한 황제인 줄로 착각하고 돈키호테보다 더 황당하게 좌충우돌하는 얘기입니다. 그 '황제'를 볼 때 느꼈던 페이소스를 저는 풍수에서 떠올리곤 합니다.

자, 풍수의 슬픈 운명, 몰락의 역사를 간직한 채 풍수 강의를 본격적으로 시작하겠습니다. 그렇다고 심각해지실 필요는 없습니다. 듣다 보면 금방 아시겠지만, 풍수에 관한 얘기 자체는 그렇게 슬프거나 애절하거나 하지 않습니다. 역사는 안타깝지만 재미있는 사연들이 즐비하거든요.

17강

바람을 가두고
물을 얻다

    풍수가 무엇인지 설명도 하지 않고 풍수의 역사를 개관해버렸습니다. 일부러 그랬습니다. 때로는 개념 정의보다 역사적 문맥을 먼저 이해하는 것이 그 개념에 쉽고 빠르게 다가갈 수 있는 길이기도 합니다.

장풍득수

    풍수는 무슨 뜻일까요? 물론 바람과 물입니다. 그런데 달랑 '바람과 물'만으로는 아무것도 해결되는 게 없습니다. 초기 풍수의 정치 전략도, 묏자리 선정도, 인테리어 기법도 두 글자에서는 나오지 않습니다. '풍수'라는 두 음절의 단어로 축약되기 전 원형 같은 게 분명히 있지 않을까요? 있습니다. 바로 '장풍득수(藏風得水)'입니다.

    '득수'란 한자 뜻 그대로 물을 얻는다는 뜻입니다. '장풍'은 좀 어렵지요. 장풍? 무협 고수들이 손바닥에서 뿜어내는 강력한 기운일까요? 그건 장풍(掌風)입니다. '장(藏)'은 옥편을 찾아보면, 뜻이 여러 가지입니다.

막다, 감추다, 품다, 저장하다, 가둔다

감 잡았을 겁니다. 무언가를 저장한다고 할 때 쓰는 '장'입니다. 그러니까 '장풍'은 '바람을 가둔다'는 뜻입니다. 다시 뜻을 풀어보겠습니다.

바람을 가두고, 물을 얻는다!

이게 바로 장풍득수의 뜻입니다. 단단히 기억해야 합니다. 장풍득수, '바람을 가두고 물을 얻는다.' 이 짧은 대구(對句)가 바로 풍수의 알파와 오메가라 할 수 있습니다. 즉, 전부라고 할 수 있습니다. 풍수의 모든 이론과 역사는 장풍득수에서 한 치도 빗겨가지 못합니다.

풍수에 문외한이던 시절, 저는 장풍득수란 말을 지극히 원초적으로 새겼습니다. 예컨대, 이런 것이었습니다.

"2,000년 전 중국 대륙의 어느 산자락에 외롭게 집 한 채가 서 있다. 그런데 겨울엔 삭풍(朔風, 아마도 북서풍이겠지요)이 몰아치고, 여름엔 물이 부족하다. 까딱하면 얼어 죽거나 굶어 죽기 십상이다. 살기 위해 무엇을 해야 하지? 장풍득수! 바람을 가두고 물을 얻어야 한다!"

『금낭경』과 『청오경』

저는 지금도 제 생각에 나름대로 의미가 있다고 생각하지만, 풍수에 대해 그런 설명을 하는 사람은 물론 저밖에 없습니다. 일반적인 설명을 해드려야 하겠지요. 그래서 풍수 하는 사람들이 애지중지하는 경전을 등장시키겠습니다. 풍수의 대표적 고전이 두 개 있습니다. 하나는 『금낭경金囊經』이요, 다른 하나는 『청오경靑烏經』입니다.

'장풍득수'란 말은 『금낭경』에서 처음 등장했습니다. 그러니 『금낭경』은 풍수의 발원 자격을 줄 만한 고전입니다. 동진(東晉)의 곽박(郭璞, 276~324)이 쓴 것으로 돼 있는데 『장서葬書』라고도 합니다. 장(葬)은 장례를 지낸다고 할 때 쓰는 장입니다. 중국의 풍수가 묏자리와 관계있음을 알 수 있는 대목입니다. 경전의 대우를 받을 때도 있습니다. 그때는 『장경葬經』이라고 합니다. 그런데 이게 정말 4세기에 만들어진 것인지는 불분명합니다. 문헌학적으로는 기껏해야 당나라로 거슬러 올라갈 뿐이라 합니다.[20]

『청오경』은 '청오자'라는 노인이 만들었다고 하는데, 기록만 믿고 말하자면 노인은 한(漢)나라 때 사람입니다. 100살을 넘겨 신선이 됐다는 인물입니다. 그렇게 되면 『금낭경』보다 100~200년 앞서는 고전 중 고전입니다. 하지만 믿을 것이 못 됩니다. 대개 원(元)·명(明) 대에 만들어진 것 아닌가 추측하고 있습니다.

문헌학적인 고증과 별개로 두 책은 '현실적으로' 풍수의 양대 고전임이 분명합니다. 조선 시대 음양과에 응시하는 사람들은 이 책을 모두 암기해야 했습니다.

---

20 이 풍수 고전의 내용이 사실은 엉망진창이고, 고의로 그렇게 됐다는 설이 있다. 『금낭경』에 소개된 명당을 차지한 인물에 의해 왕권이 위협받을 것을 두려워한 당나라 현종이 책 내용을 일부러 엉망으로 조작했다는 것이다.

자, 어찌 됐든 중요한 것은 책의 존재가 아니라, 내용입니다. 『금낭경』에서는 풍수에 대해 아래와 같이 정의내립니다.

그 정기(精氣)는 바람을 타면 흩어지고, 물에 닿으면 머문다. 바람과 물을 이용해 정기를 모으는 술법을 '풍수'라 이른다. 이를 위해서는 물을 얻는 것[得水]이 으뜸이고, 바람을 가두는 것[藏風]이 그다음이다.

이게 바로 풍수입니다. 이후 풍수의 모든 이론은 이 짧은 문단에서 비롯한다고 보면 됩니다. 바람을 가두고 물을 얻는 것이 추위와 갈증을 피하기 위한 것은 아닙니다. 풍수 최고의 고전은 무엇이라 이야기합니까? '정기를 모으기 위해서'라고 합니다. 바람은 정기를 흐트러뜨리고, 물은 그것을 모읍니다. 그래서 바람과 물을 가두고 끌어들여야 한다는 것입니다.

기, 그리고 곤륜산

자, 여기서 잠깐 끊었다가 가겠습니다. 이렇게 아무 일 없다는 듯 술술, 설명을 이어나가서는 안 되겠지요? '정기(正氣)'라는 용어에 잠깐 주목해야 할 것 같습니다.

정기는 물론 기(氣)를 강조하는 말입니다. '기의 정수' 정도가 되겠지요. 기억나지요? 강호인문학은 세 가지 원리로 견인된다고 했습니다. 사주는 오행, 풍수는 기, 주역은 음양이 있어야 돌아갑니다.

앞서 '기'는 무엇이라 했습니까? 세상 깊은 곳, 보이지 않는 어딘가에 숨어, 눈에 보이는 이 세상을 제대로 돌아가게 하는 힘이요, 에너지라 했습니다. 기가 있어야 세상이 바로 잡힙니다. 그런데 바람은 매번 그 기를 흐트러뜨립니다. 그나마 물에 닿으면 머뭅니다. 그러니 어떻게 해야 합니까? 바람을 가두고, 물을 얻어야 합니다. 장풍득수를 거쳐, 결론적으로 풍수입니다.

그런데 그 기란 것은 도대체 어디에서 흘러나오는 것일까요? 옛날 사람들은 재미있는 상상을 했습니다. 무협지 좋아하는 분은 곤륜산(崑崙山)이라고 들어봤을 겁니다. 도교의 영산(靈山)인 무당산(武當山), 중국 불교의 성지로 알려진 아미산(峨眉山)과 더불어 명문 정파의 본거지 중 하나로 꼽히는 곳입니다. 무협에서 좀 더 전설 쪽으로 나아가면, 낙원의 상징이기도 하지요. 풍수에 대해 제대로 알려면 곤륜산을 머릿속에 그려봐야 합니다.

곤륜이야말로 풍수적 사고에서 기의 물리적 원천이기 때문입니다. 풍수적 사고를 탄생시키고 발전시켰던 동아시아 사람들은 곤륜에서 분출된 기가 산맥(山脈)과 지맥(地脈)을 따라 사방으로 퍼졌다고 믿었습니다. 꿈틀거리면서 말입니다. 기는 모든 공간에 두루 편재합니다. 그런데 적어도 땅을 헤집고 다니는 풍수의 기는 곤륜에서 왔다는 얘기입니다.

『택리지』와 한반도

슬슬, 풍수의 정체가 드러나고 있습니다. 산맥과 지맥이란 말이 나왔지요? 곤륜에서 분출돼 산맥과 지맥을 따라 사방으로 퍼지던 기의 흐름 중 중요한 가닥이 백두산에도 전해집니다. 기는 백두산에서 한숨을 돌리고는 남하합니다. 한반도의 기세를 만들어내는 것입니다. 그에 대한 충실한 묘사가 바로 조선 시대 인문지리의 고전인 『택리지

擇里志』²¹에 나옵니다. 이중환은 「팔도총론八道總論」을 이렇게 시작합니다.

> 곤륜산의 한 가지가 사막 남쪽으로 뻗어 동쪽에 이르자 의무려산(醫無閭山, 중국 본토로 가는 요하(遼河)의 서쪽 북방에 있는 산)이 되고, 여기서 맥이 끊어져 요동평야가 됐다. 이 평야를 지나면서 다시 솟아 백두산이 됐으니….

이번엔 「복거총론卜居總論」입니다.

> (백두)대간은 끊어지지 않고 옆으로 뻗었는데, 남쪽으로 수천 리를 내려가면서 경상도 태백산까지 한 줄기 영(嶺)으로 통한다. 함경도와 강원도의 경계에서는 철령(鐵嶺)이 됐는데, 이 고개가 북도로 통하는 큰길이다. 그 아래쪽으로는….

기는 웬만해선 멈추지 않습니다. 끊기지도 않습니다. 그 아래쪽으로 한반도의 산세가 이어집니다. 바다를 건너 제주도 한라산까지 이어지는 것이지요.

자, 어떻습니까? 경상도도 나오고, 강원도도 나오고 하니까, 풍수가 무엇이고, 풍수가 보호하려는 기가 무엇인지 조금은 이해가 가지 않나요?

---

21 현지답사를 토대로 한 조선 후기의 지리서. 각 지역의 특성을 밝힌 「팔도총론」과 사람이 살기에 좋은 곳을 밝힌 「복거총론」으로 나뉜다.

한 걸음만 더 나아가면서 이번 강의를 정리하겠습니다.

기라는 것이 저 멀리 곤륜산에서 시작해 이제 우리가 사는 바로 여기 당도했습니다. 이 기를 어떻게 보듬어야 할까요? 나아가, 세상을 돌아가게 한다는 그 생명의 에너지를 어떻게 하면 우리, 아니 바로 내 몸 안으로까지 끌어들일 수 있을까요?

앞으로 짚어나갈 풍수의 근본 문제가 바로 그것입니다.

18강

용을 찾아라,
그리고 보호하라!

〈풍수편〉 강의의 목표가 정해졌습니다. 바로 기를 찾아내면 됩니다. 다른 것은 제쳐놓고, 우선 기의 흐름을 파악해야 바람과 물을 이용해, 그러니까 장풍득수의 신기(神技)를 동원해 기를 모으든지, 흩트리든지 하지 않겠습니까? 그런데 기는 눈에 보이지 않습니다. 풍수 전문가들은 그래서 대신 용(龍)을 찾기로 했습니다.

풍수의 4대 원칙 _ 용·혈·사·수

곤륜산에서 내려온 기가 어디를 거쳐 우리나라로 들어온다고 했는지 기억하시지요? 바로 백두산입니다. 백두산에 도착하기 전에도, 또 백두산을 거친 후에도 기의 주요 통로는 산맥과 산줄기입니다.

그런데 산맥과 산줄기로 연상되는 무엇인가가 있습니다. 잠시, 우리가 산으로 여행할 때의 기억을 더듬어봅시다. 산맥, 그리고 산줄기의 모습이 어떻습니까? 높은 산에 올라 멀리 펼쳐진 산의 흐름을 보면, 그 역동적으로 꿈틀거리는 모양새가 용의 움직임과 비슷합니다. 공중으로 치솟았다가 때로는 물을 찾으려는 듯 천천히 강하하는 모습은 영락없이 용입니다.

풍수 전문가들은 실제로도 곤륜에서 발원한 기를 퍼다 나르고 있으리라 짐작했던 산의 흐름에 '용'이라는 이름을 부여했습니다.

그런데 쉴 새 없이 움직이던 용이 어느 순간 딱 멈출 때가 있습니다. 서울을 예로 들면, 멀리 북동쪽에서 힘차게 다가오던 북한산 줄기가 청와대 바로 뒤에서 그 유장한 흐름을 멈춥니다. 말하자면 용이 역동적인 움직임을 잠시 끝내고 머리를 조아리는 지점을 혈(穴)이라고 부릅니다. 흔히 말하는 명당(明堂)은 이 혈을 중심에 둔 터입니다.

그런데 용이 움직임을 멈춘 혈처(穴處)는 보호를 받아야 합니다. 기가 잠시 멈춰 숨을 고르고는 있지만, 이 기라는 것은 바람을 타면 흩어진다고 『금낭경』에서도 경고했습니다. 게다가 용은 먼 길을 오느라 지쳐 있기도 합니다.

명당이 유지되려면 전후좌우 네 방향에서 지친 용을 지켜줄 수호신이 필요합니다. 수호신은 대개 산의 형태를 취합니다. 바로 청룡(靑龍, 좌), 백호(白虎, 우), 주작(朱雀, 전), 현무(玄武, 후)의 사신사(四神砂)입니다. 줄여서 사(砂)라 칭합니다.

마지막이 물입니다. 용은 지치고 목이 말라 있습니다. 머리를 둔 쪽에 물이 있어야 합니다. 수(水)가 있어야 혈이 제대로 기능할 수 있습니다. 명당의 완성입니다. 오방과 오색, 그리고 사신사의 관계를 정리하면 164쪽 그림쯤 되겠네요.

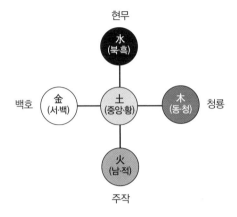

자, 외울 것이 또 나옵니다.

용(龍) 혈(穴) 사(砂) 수(水)

이 부분은 꼭 외워야 합니다! 풍수에서 말하는 명당의 4대 조건입니다. 어떤 지역이 길지(吉地)인지, 흉지(凶地)인지를 판가름하는 풍수의 4대 기준입니다. 풍수 이론이 다양한 학파, 복잡한 견해로 아무리 난마처럼 얽힌다 한들, 4개의 기준을 비껴갈 수는 없습니다.

이제 4대 기준에 따라 지세를 판단하는 일만 남았습니다. 간룡[龍], 정혈[穴], 장풍[砂], 득수[水]의 법(法)을 간략히 정리하겠습니다.

간룡 _ 용의 저주를 피하라!

먼저 간룡법(看龍法)입니다. 말씀드린 대로 풍수는 용의 자취를 추적해나가는 작업입니다. 그러니 풍수의 기법 중 당연히 간룡이 으뜸이라 하겠습니다. 잘라 말하면 어떤 용이 좋은 용이냐, 이것이 관건이 되겠지요. 일단 용의 움직임이 지지부진하면 안 됩니다. 용이 지지부진하면 그 속에 좋은 기가 흐를 리 없을 테니까요. 장쾌하고 웅혼한 모습으로 산세가 이어져야겠지요. 그러니까 용은 살아 있는 뱀처럼 구불구불 유장하게 변화해야 합니다. 때로는 상하로 급하지 않게 요동칠 줄도 알아야 합니다. 만약 무덤덤하게 일직선으로 내려온다면, 직룡(直龍)이나 사룡(死龍)이란 말로 폄하될 수밖에 없습니다.

다시 한반도의 지형을 한번 살펴보지요. 한반도의 경우, 용의 흐름이 단순하고 뚜렷합니다. 백두산이 심장이고, 백두대간이 척추가 됩니다. 그런데 어떻습니까? 우리나라를 관통하고 있는 용의 모습은 건강할까요? 난(亂)개발을 말하는 겁니다. 백두대간 역시 난개발로부터 자유롭지 못합니다. 이곳저곳이 많이 끊겨 있습니다. 기는 쉽게 끊어지는 것이 아닙니다. 막히면 또 제 갈 길을 만들어나갑니다. 그렇다고 해도 백두대간이 온전할 때처럼 절세의 명당을 기대하기는 현실적으로 어려울 겁니다. 끊어진 기맥(氣脈)은 어찌할 수 없다 해도, 남아 있는 맥은 최대한 보존해야 합니다. 안 그러면 용의 저주가 찾아옵니다. 용의 저주라니! 우습게 볼 것이 아닙니다. 이거 무섭습니다. 옛날이야기 하나 꺼내보겠습니다.

2,000년 전 중국에 몽염(蒙恬)이란 장군이 있었습니다. 유명한 진시황의 측근이었는데요. 전쟁에서의 공로도 공로지만, 이 사람의 가장 큰 업적은 따로 있었습니다. 바로 만리장성 축조를 총괄한 일입니다. 그런데 진나라의 위대한 장군이었던 몽염의 최후는 비참했다고 합니다. 정적의 흉계로 투옥돼 자살했다고 하네요. 몽염은 죽기 전에 고민했지요. '나의 최후가 왜 이리 비참하게 된 걸까?' 그는 끝내 이렇게

한탄했다고 합니다.

"아, 만리장성을 쌓으면서 얼마나 많은 지맥을 잘라냈던가! 내가 지금 이렇게 죽는 것은 수많은 맥을 잘라낸 것에 대한 천벌이다!"

용의 저주가 이렇게 무섭습니다.[22] 모든 업덕(業德)을 한 번에 무력화할 수도 있다는 얘기입니다. 물론 풍수적으로 볼 때 그렇다는 것입니다.

정혈_한 곳만 택할 것인가?

다음은 정혈(定穴)입니다. 혈은 기의 흐름이 맺히는 곳입니다. 생기가 넘쳐흐르는, 한 지역의 중심입니다. 사실 혈(穴)의 처를 정(定)하는 일은 논리적으로 보자면 풍수 기법 중 가장 마지막에 적용할 수 있습니다. 용의 흐름을 파악하고[看龍], 청룡·백호를 정한 뒤[藏風], 명당수로 쓸 강줄기까지 파악해야만[得水] 최종적으로 혈, 그 명당자리를 찍을 수 있을 테니까요.

혈을 고르기 위해서는 산세(山勢)와 수국(水局)을 파악해야 한다거나, 청룡과 백호, 그리고 주작에 해당하는 손님 산(조산朝山)과 책상 산(안산案山)을 함께 살펴야 한다는 얘기도 하는데, 그게 모두 같은 말입니다. 전체를 살핀 연후에 정혈할 수 있다는 말이지요. 물론 현실적으로 그렇게 딱딱하게 구분할 일은 아닙니다. 결론적으로 정혈은 풍수적 식견과 실전을 필요로 한다고 볼 수 있겠습니다.

주의할 점도 하나 짚고 넘어갈까 합니다. 현대 도시는 산과 물의 지

---

22 수나라 멸망의 원인을 대운하 건설에서 찾는 시각이 있다. 무리한 운하 건설에 따른 민심 이반을 얘기하는 게 아니다. 중국 동부를 관통하는 운하를 건설하느라 수많은 지맥이 잘려나갔다. 무분별한 단맥(斷脈)에 하늘이 노해 나라가 망했다는 설이다.

세만 파악하면 됐던 옛날과는 상황이 많이 다릅니다. 대형 빌딩이 빼곡하게 들어차 '기'의 흐름을 복잡하게 만들고 있기 때문입니다.

생각해보십시오. 조선 시대 서울의 혈처라고 하면 경복궁, 그중에서도 왕의 집무실이 있던 근정전 정도가 될 것입니다. 하지만 요즘에도 그 지점을 서울의 혈처로 볼 수 있을까요? 그렇다고 경복궁 뒤편 청와대의 대통령 집무실을 잘 골라진 혈처로 봐줄 수 있을까요? 서울의 확장도 확장이지만, 더 중요한 것은 서울을 가득 메운 고층 빌딩입니다. 땅에 뿌리를 박은 첨단 구조물로 인해 기의 흐름이 엄청나게 복잡해진 것입니다.

그 빌딩과 구조물이 가져가고 또 내뿜는 기의 흐름을 고려하지 않으면 혈처를 정하기 어렵습니다. 해결책을 내놓자면 이렇습니다. 단 하나의 혈처가 아니라, 각기 다른 기능을 행하는 여러 개의 혈처를 정하는 게 현실적이기도 하고, 사리에도 맞습니다.

장풍 _ 용을 보호하라!

장풍은 득수와 함께 풍수의 어원이지만, 명당을 고르는 네 가지 원칙 중 하나이기도 합니다. 여기선 물론 후자입니다. 기법으로서의 장풍, 즉 바람을 제대로 가둘 사신사(청룡·백호·주작·현무)를 찾는 일의 관건은 파악된 사신사가 용을 제대로 보호할 수 있느냐 하는 것입니다.

여기서 잠깐 용어를 정리하겠습니다. 청룡과 백호는 대개 그대로 쓰이지만, 주작은 조산(손님 산)과 안산(책상 역할을 하는 산)으로 명칭이 바뀔 때가 많습니다. 현무의 경우 대개 주산(主山)으로 불립니다. 혈자리를 표시한 '명당 구조도'를 참고로 설명을 이어가겠습니다.

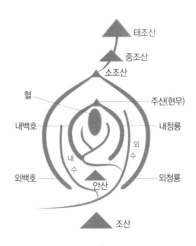

용 한 마리를 머릿속에 그려봅시다. 용 한 마리가 멀리서 꿈틀거리
며 다가왔습니다. 용은 혈 자리에 기를 주입하기 직전에 목덜미를 곧
추세웁니다. 곧추세운 바로 그곳이 주산입니다. 용과 마찬가지로 주
산을 뒤로 하고 정면을 바라본다 치겠습니다. 왼쪽 산이 청룡이고, 오
른쪽 산이 백호입니다.

용의 시선이 향하는 곳에는 또 하나의 산이 있어야 합니다. 높을 필
요는 없습니다. 그게 바로 주작인데, 손님 산, 즉 조산(朝山)으로도 불
립니다. 그보다 가까운 곳에 책상(안산)이 있어야 좋습니다.

이렇게 4개의 산이 혈을 감싸 안듯 포진해주어야 좋은 장풍을 논할
수 있습니다. 이런 지세여야, 용을 타고 온 생기가 흩어지지 않고, 은
은하게 혈처와 그 주위를 적실 수 있는 거지요.

서울을 예로 들어보겠습니다. 북악이 주산으로 딱 버티고 있습니다.
북악의 좌우로 낙산과 인왕산이 청룡과 백호의 역할을 합니다. 저 멀
리 관악산이 손님 산으로 마주하고, 북악과 관악 사이에 남산이 책상

산으로 살짝 솟아 있습니다. 그래서 서울을 명당이라 했던 것입니다.

득수 _ 음양의 조화

마지막 득수에 관한 설명입니다. 풍수를 장풍득수로 풀어 말씀드렸듯, 물은 그냥 두면 도망가기 마련인 기를 모아주는 역할을 합니다. 그렇다면 어떤 규모와 강도로 물이 흘러야 좋을까요?

당연히 용의 몸을 타고 온 기 자체의 강도가 중요합니다. 그 강도는 주산의 규모와 형세로 파악할 수 있습니다(간룡). 용이 기를 토해내기 직전인 자리, 곧추세운 목 부분이 주산에 해당한다고 했습니다. 거기에 혈처를 호위하고 있는 사신사의 형국도 감안해야 합니다(장풍).

생각해보십시오. 간룡과 장풍의 측면에서 파악된 산세가 그저 단아한 정도인데, 그 앞을 가로막은 물의 흐름이 지나치게 크고 강하면 명당이 만들어지기 어렵습니다. 반대로 산세는 강하고 압도적인데 물의 흐름이 가냘프다면 어떨까요? 이 또한 명당을 형성하지 못합니다.

음양의 맥락에서 생각해볼 수도 있습니다. 강하게 치고 들어오는 산세가 양(陽)이라면, 명당을 큰 흐름으로 감싸 안으며 기를 머물게 하는 물은 음(陰)입니다. 반대로 명당의 뒤를 조용히 떠받치고 있는 산세의 정(靜)한 모습을 음으로 본다면, 정적인 산을 휘감아 생명을 주는 물은 동(動)적인 흐름으로 양이 됩니다. 음양의 조화가 중요한 것입니다.

다시 서울의 지형을 생각해보겠습니다. 서울의 경우, 좁게는 북악산과 청계천이 음양의 조화를 이루고, 크게는 북한산과 한강이 조화를 이루고 있습니다. 그래서 서울을 아름다운 도시라고 말하는 것이죠.

기법에 관한 얘기는 이 정도로 마치겠습니다.

19강

정말
조상 덕이
있을까?

이제 무덤 얘기를 해보겠습니다. 앞서 묏자리에 집착하는 풍수의 분파를 두고 사술(邪術)이니 뭐니 하며 제가 잠깐 폄하했지만, 그렇게 막 할 얘기는 아닙니다. 풍수의 전통에서 묏자리가 차지하는 비중은 대단합니다. 그리고 그 근거도 상당히 흥미롭습니다. 천천히 알아보 겠습니다.

양택과 음택

풍수를 내걸고 답사하는 프로그램이 많은데, 가장 인기 있는 게 유명인의 생가나 그들의 조상 묘를 찾아보는 것입니다. 만약 우리나라에서 노벨상 수상자가 나온다면, 단연코 풍수하는 사람들도 바빠질 것입니다. 노벨상 수상자를 만들어낸, 풍수적 입지와 기의 흐름이 어떤 것인지 정체를 밝혀야 하니까요.

근거는 이렇습니다. 풍수에서는 좋은 기운을 생기(生氣)라고 부르는데, 이 생기는 지표에서 깊지 않은 땅속을 흘러다닙니다. 혈액이 몸속 혈관을 타고 다니며, 생명을 불어넣는 것처럼 말입니다. 그런데 이 생기는 특정한 모습의 지형(바로 명당이지요!)에 이르면 집중적으로 그 아래에 머물게 됩니다(장풍득수). 일반적으로 얘기하는 풍수는 다른 게 아닙니다. 그렇게 생기가 머무는 지점에 집을 세우거나 무덤을 조성합니다. 그러면 그 집에 사는 사람이나 무덤에 묻힌 사람의 후손이 생기의 영향으로 복을 받는다는 논리지요.

발복(發福)에 관한 얘기입니다. 정치를 논하고, 국운을 가늠하던 초기의 거대 풍수가 잦아들자 이렇게 발복을 내세운 풍수가 오랫동안 위력을 떨쳤습니다. 뭐랄까, 좀 이기적인 풍수지요. 그저 어떻게 하면 출세하고, 우리 가문을 키울 수 있을까 하는 데에만 급급한 관심이었으니까요.

자, 어쨌거나 풍수가 복을 불러주는 입지를 선정하는 기법이 된 셈인데요. 그 입지가 산 사람이 사는 집이면 양택(陽宅)이라 하고, 죽은 사람이 기거하는 무덤이면 음택(陰宅)이라 합니다.

동기감응 _ 무덤의 비밀

그런데 음택과 관련해서라면 좀 더 파헤쳐야 할 부분이 있습니다. 양택 풍수의 경우, 현대 시각에서도 그 가치를 인정해줄 수 있습니다. 풍수적으로 좋은 터는 굳이 기의 흐름에 신경 쓰지 않더라도 심미적으로나 환경적으로나 좋기 마련입니다. 그런 곳에 집을 짓고 살면 육체나 정신이나 나쁠 게 없습니다. 풍수의 말대로, 생기를 쑥쑥 빨아들일 수 있으면 더 좋은 일입니다.

그러나 음택의 경우는 어떻습니까? 할아버지 무덤 밑으로 좋은 기운이 흐른다고, 할아버지의 유골이 좋은 기운을 빨아들인다고, 왜 저한테 좋은 일이 생긴다는 것일까요? 그게 가능한 일일까요?

그 기이한 현상을 풍수에서는 동기감응(同氣感應)이란 말로 설명합니다. 이 말도 꼭 알아두십시오. 풍수의 핵심 이론 중 하나입니다. 말만으로는 뜻을 짐작하기 쉽지 않습니다. 간단히 설명하자면, 조상들이 좋은 기를 받는 바로 그 순간 후손들도 그 기의 영향을 받는다는 엄청난 이론입니다. '바로 그 순간'입니다. 시차도 없습니다. 멀리 떨어진 조상과 후손이 동시에 같은 기운의 영향을 받는다는 얘기입니다. 어떻게 그런 일이 일어난다는 걸까요?

조상과 후손은 같은 기운을 가지고 있기 때문에[同氣], 하나의 자극에 실시간으로 함께 반응[感應]한다는 얘기입니다.

믿기 어렵죠? 그러나 동기감응은 전근대의 시기에 민중을 강력히 사로잡았던 이념 체계 중 하나였습니다.[23] 수많은 사람이 자신의 발복과 출세를 위해 조상의 유해를 안치할 명당을 찾아 헤맸습니다. 물론 신비스러운 얘기이다 보니 반발도 많았습니다.

음택 풍수는 수백 년 동안 풍수의 체계에 찬사와 비난을 함께 가져다주었습니다. 바로 그 음택 풍수의 유일한 핵심이 바로 동기감응입니다.

---

23 현대 물리학에도 동기감응을 연상하게 하는 현상이 있다. 광자(光子)를 쪼개고 나서 쪼개진 입자를 정반대 방향으로 각각 보내놓으면, 두 입자 사이의 거리가 아무리 멀어도 서로 반응을 보인다는 것이다. 한 입자가 시계 방향으로 돌면, 다른 입자는 시계 반대 방향으로 돈다. '얽힘 현상'이라 한다.

종소리와 구리 광산

그래도 여전히 믿지 못하는 사람이 있을 듯합니다. 그래서 옛날이야기를 추가해보겠습니다. 기원 전후 중국을 지배했던 한나라 때 이야기입니다.

당시에 미앙궁(未央宮)이란 궁전이 있었습니다. 지금으로 치면, 중국 산시성 시안시 교외 쪽인데, 궁전터가 아직 남아 있다고 들었습니다. 초 패왕 항우와의 천하 쟁탈전으로 유명했던 한 고조 유방 때 만들어진 궁전입니다. 궁전 안에는 거대한 종(鐘)이 있었습니다. 종이란 게 좀 신령스럽지요. 옛사람들은 '징' 하는 종소리를 통해 하늘과 교감할 수 있다고 믿었습니다.

어쨌거나 아무리 신령스러워도 사람이 종을 두드려줘야 소리가 나지요. 그런데 한 무제 때의 어느 날, 미앙궁의 종이 스스로 소리를 냈습니다. 아주 은은하게 말입니다. 재차 확인해도 종을 친 사람은 없었습니다. 신물(神物)이 홀로 소리를 냈습니다.

'흉한 징조일까, 길한 징조일까?'

황제는 몹시 궁금했습니다. 그래서 가장 지혜로운 사람을 불러 물었습니다. 그런데 예상치 못한 답을 듣습니다.

"어디에선가 구리 광산이 무너졌을 것입니다."

황당했겠지요. 황제는 무슨 얘기인가 하면서도 사람을 시켜 중국 전역을 수소문했습니다. 그리고 확인했습니다. 촉(蜀) 지방의 구리 광산이 최근 무너졌다는 사실을…. 그리고 추가로 또 하나의 사실을 확인했습니다. 구리 광산의 붕괴 시점과 미앙궁의 종소리 시점이 일치한다는 것을 말입니다.

황제는 구리 광산의 붕괴를 추정했던 현자를 불러 사연을 물었습니다.

현자가 대답하길,

"미앙궁의 종을 만드는 데 쓰인 구리는 최근 무너진 광산에서 나온 것입니다. 기가 감응하는 것은 사람이 부모에게서 몸을 받는 것과 같습니다."

대답을 들은 황제는 이렇게 감탄했다고 합니다.

"물체의 감응함이 이와 같은데, 하물며 사람이나 귀신에 있어서랴."

앞서 소개한 풍수의 고전 『금낭경』에 나오는 일화입니다. 『금낭경』을 쓴 곽박 선생은 구리 광산 이야기의 끝에 이렇게 정리합니다. 오랫동안 음택 풍수의 철칙이 된 '동기감응'의 근거입니다.

구리광산이 무너지자 그 광산에서 나온 구리로 만든 종이 스스로 운 것은, 마치 돌아가신 부모의 유해가 같은 기운[同氣]을 가진 자식에게 복을 입히는 것과 같은 것이다. 이 모두가 자연의 이치다.

장례문화의 변화와 음택 풍수

동기감응에 대한 이야기는 이 정도만 하겠습니다. 동기감응과 동기감응을 근거로 삼은 음택 풍수는 오랫동안 논란의 대상이었습니다. 그럼에도 불구하고 조선의 거의 전 시기를 풍미했던 풍수의 대표 이론인 것은 사실입니다.

물론 반론도 만만찮았습니다. 특히 조선 후기 들어 등장한 실학자의 비판이 거셌습니다. 실학의 대표 주자인 박제가(朴齊家)는 『북학의北學議』에서 이런 논지를 펼쳤습니다.

오래 살고 일찍 죽음, 팔자의 궁하고 좋음, 집안의 흥망, 살림의 가난과 부유는 하늘의 이치고 사람의 마음에 관계된 것이지, 장지(葬地)의 길흉에 관련하여 논할 바는 아니다.

어떻게 생각하나요? 묏자리의 입지를 통해 조상 덕을 보는 게 가능할까요?

아직도 영향력을 행사하는 묏자리 풍수에 대해 가타부타 단언하지는 않겠습니다. 다만, 조선 중기 이후 풍수의 주류를 형성했던 음택의 경향은 풍수 전체의 역사를 볼 때 여러모로 패착이었다는 말씀을 드리겠습니다.

결과론적인 이야기인지 모르겠지만, 실학자들의 비판이 아니었더라도 음택의 풍수는 근대의 거센 물결을 견뎌내기 어려웠을 것입니다. 앞으로 더욱 그럴 것이고요. 바로 화장(火葬) 때문입니다.

화장이 장례의 대세로 굳어가는 이상, 음택 풍수에 대한 의존은 조만간 사라질 수밖에 없습니다. 음택 풍수의 가장 강력한 파트너는 사실, 동기감응과 같은 이론이 아니라 장례의 방식입니다. 그런데 화장이 지금 추세로 확산된다면, 땅에 묻힌 채 생기를 흡수해줄 조상의 유골 자체가 사라집니다. 그럼, 음택도 동기감응도 유지될 방법이 없습니다.

거대 담론으로 시대를 논하던 정치 풍수가 세력을 잃은 뒤, 풍수는 음택을 통해 새로운 영역을 개척했습니다. 그러나 바로 그 음택으로 인해 풍수는 난관에 봉착할 수밖에 없는 것입니다.

20강

풍경에 숨은
풍수

이번 강의는 개인적인 이야기로 시작할까 합니다. 제게는 아이가 둘 있는데, 아이들과 일본 애니메이션을 즐겨 봅니다. 큰애와는 〈포켓몬〉 시리즈를 주로 봤고, 둘째와는 〈나루토〉 시리즈를 많이 봤습니다. 극장에서 미야자키 하야오의 작품도 거의 빼놓지 않고 봤지요. 〈센과 치히로의 행방불명〉 같은 작품 보신 분들 많으리라 생각합니다. 그런데 일본 애니메이션을 보면서 부러울 때가 많았습니다.

애니미즘 또는 형국론

애니메이션에 등장하는 다양한 주인공 때문이지요. 계보를 한참 정리해야 할 만큼 많은 캐릭터가 등장하는 〈포켓몬〉이야 말할 나위 없습니다. 그러나 다른 애니메이션에도 우리로서는 상상하기 어렵게 기발한 캐릭터가 많이 등장하잖아요. 뭐랄까요? 좀 비현실적이기도 하고, 어떻게 보면 산속에서 숨어 있을 법한 정령(精靈)을 연상시키는 그런 캐릭터들 말입니다.

궁금해서 제가 영화를 전공한 아내에게 물어봤습니다. 저런 상상이 가능한 어떤 이유가 있는 것이냐고…. 아내는 그 이유를 일본인의 의식 속에 뿌리 깊게 박힌 애니미즘에서 찾았습니다. 애니미즘이 어떤 것인지 쉽게 설명해달라니까, 그건 귀찮다고 안 해주더군요. 그래서 제가 백과사전을 찾아봤습니다. 인터넷에 무료로 배포되는 두산백과에 이렇게 정리되어 있습니다.

무생물계에도 영혼이 있다고 믿는 세계관. 물신숭배(物神崇拜)·영혼
신앙(靈魂信仰)·만유정령설(萬有精靈說)이라고도 번역된다. 애니미즘
이라는 말은 라틴어의 아니마(영혼)에서 나왔다.

풀이를 보니 아내의 말이 더 그럴듯했습니다. 이 세상 모든 존재에 영혼이 있다고 생각하면, 이 세상은 훨씬 활기가 넘칠 수 있다는 생각도 들었습니다. 산속의 바위, 흐르는 물, 시원한 바람, 구름이 모두 영혼을 가지고 있다고 생각하는 사람들의 상상력은 세상을 건조하게 보는 이들의 상상력과 다를 수밖에 없겠지요. 일본 애니메이션의 위력을 제대로 설명해준다는 생각이 들었습니다.

그런데 우리나라에도 그런 상상이 없는 게 아닙니다. 그저 잊고 사는 것이죠. 그리고 그렇게 자연 친화적인 상상력이 듬뿍 녹아 있는 곳이 바로 우리가 공부하는 풍수입니다.

풍수의 역사를 도식화하면 대개 정치 풍수 → 음택 풍수 → 생활 풍

수(풍수 인테리어를 포함하는 개념이 되겠죠) 식으로 전개됩니다. 그중 음택 풍수, 그러니까 무덤 풍수는 어떤 측면에선 풍수의 무덤이기도 했습니다. 수많은 이들이 자신의 복을 갈구하며 묏자리를 찾아 헤매는 동안 풍수 자체는 욕도 많이 먹고 황폐해졌으니까요.

그런데 그 와중에 풍수는 재미있고 의미도 있는 시도를 했습니다. 우리의 산하에 사람과 동물의 형상을 부여하기 시작한 것이죠. 우리 식의 애니미즘이 나타난 것입니다. 풍수 하는 사람들이 '형국론(形國論)'이라 부르는 분야입니다.

도처에 용·거북·소, 기타 동·식물과 선녀까지

풍수의 대중화 노력이라고도 볼 수 있습니다. 풍수는 땅이 간직한 좋은 기운을 찾아내 그 기운을 우리의 일상으로 끌어내는 작업입니다. 그런데 문제가 있지요. 그 기운은 눈에 보이지 않습니다. 산천에 대해 오랫동안 궁구하고, 또 직관의 능력도 있어야 포착할 수 있는 기운입니다. 그러니 극소수의 능력자가 포착해낸 기운을 공유할 방법이 필요했습니다.

그래서 산천의 형국에 이름을 붙이기 시작했습니다. 눈으로 볼 수 없는 지기(地氣), 그리고 지기가 뭉친 혈이 빚어낸 형상을 몇 가지 범주로 나눈 것입니다. 그 범주에는 사람과 동물도 있고, 식물이나 문자도 있습니다. 말 나온 김에 정리를 한번 해보겠습니다. 주로 용과 거북이 자주 등장합니다.

- 오룡쟁주(五龍爭珠)는 용 다섯 마리가 여의주를 놓고 다투는 모양새입니다. 용은 산줄기를 말하겠지요. 천안에 세워진 독립기념관

터가 오룡쟁주의 형국입니다.

- 비룡승천(飛龍昇天)은 용 한 마리가 하늘을 향해 힘차게 날아가는 형국입니다.
- 비룡농주(飛龍弄珠)는 하늘을 나는 것만으로는 모자라서, 여의주를 갖고 놀기까지 하는 형국입니다.
- 영귀하산(靈龜下山)은 신령스러운 거북 한 마리가 산에서 천천히 내려오고 있는 모습입니다. 이런 거북 명당이 전국에 몇 개 있습니다. 대표적인 게 여수 향일암의 지형입니다. 산에서 내려온 거북이 바다로 머리를 내밀고 있는 형국이지요. 일제강점기에 일본인은 이런 명당을 보면 화들짝 놀라 '테러'를 저지르기도 했습니다. 거북 머리 부분에 도로를 가로질러 놓는 식이었지요.
- 금귀몰니(金龜沒泥)는 거북이 산에서 내려온 데 이어, 머리 부분을 진흙 속에 담그고 입수하려는 자세입니다.

물론 용과 거북만 산천을 헤집고 돌아다니는 것은 아닙니다. 소와 닭도 있고, 때로는 호랑이가 튀어나오기도 합니다.

- 와우적초(臥牛積草)는 누워 있는 소 옆에 풀이 가득합니다. 더할 나위 없이 풍족하고 한가로운 풍경입니다.
- 갈마음수(渴馬飲水)는 목마른 말이 물을 마시고 있는 모습입니다.
- 금계포란(金鷄抱卵)은 금빛의 닭이 알을 품고 있는 땅의 모양새입니다. 전국적으로 상당히 많습니다. 경북 봉화 닭실마을이 이런 모습입니다.
- 청학포란(靑鶴抱卵)은 닭 대신 푸른 학이 알을 품었습니다.

- 맹호출림(猛虎出林)은 호랑이입니다. 용맹한 호랑이 한 마리가 숲에서 막 뛰쳐나오는 형국의 땅입니다.

드물긴 하지만 고래도 출몰합니다. 사실, 고래는 풍수에 등장하기에는 좀 애로가 있습니다. 고래가 나오려면 바닷가여야 하는데, 바닷가는 지형적으로 명당을 구성하기가 어렵습니다. 사신사 중에 혈 자리 앞에 있어야 할 주작 부분이 없으니까요. 손님 산[朝山], 책상 산[案山] 기억나나요? 그러나 주작의 결여를 보충할 만큼 뛰어난 지세를 뽐내는 명당이 있기 마련입니다.

- 백경귀포(白鯨歸浦)는 흰 고래가 먼바다에 나갔다가 포구로 돌아오는 모양새입니다. 부산의 지형을 백경귀포로 설명한 시도가 있었습니다. 바다 쪽에서 부산을 보면 우암 방면이 좌청룡, 송도 방면이 우백호, 부산항 입구의 영도가 안산이란 설명이죠.

우리 산하에는 사람과 식물의 영혼도 깃들어 있다고 말했습니다. 선녀와 스님, 연꽃입니다.

- 연화부수(蓮花浮水)는 연꽃이 물 위에 떠 있는 듯한 모습입니다. 안동 하회마을이 그런 대표적인 연화부수 형국입니다.
- 매화낙지(梅花落地)는 매실나무의 꽃송이들이 땅을 향해 아름다운 곡선을 그리며 떨어지고 있습니다.
- 옥녀탄금(玉女彈琴)은 선녀가 가야금을 타는 모습입니다.
- 노승예불(老僧禮佛)은 고승이 불공을 드리고 있는 모습입니다.

어떻습니까? 이 정도면 우리 산하도 온갖 상징의 요람 아닌가요? 일본의 애니메이션을 풍성하게 한 애니미즘을 부러워할 필요가 없습니다. 혹시 이 강의를 듣는 분 중에 영화감독이 있다면, 우리 풍수의 형국론을 응용해 애니메이션을 만들면 좋을 것 같습니다.

21강

풍수
인테리어

이쯤 해서, 풍수의 파트너를 정리해볼까요? 파트너라고 하니까 생소하게 들릴 수 있겠네요. 풍수가 제휴했던 대상·객체를 정리하고자 합니다. 시대가 바뀔 때마다 풍수의 유행이나 소재도 바뀔 수밖에 없었겠지요.

풍수의 동반자들

초창기 풍수의 파트너는 정치였습니다. 기억나지요? 선승 집단, 도선, 왕건, 지기쇠왕설, 이성계 등등.

이후 음택으로 풍수의 주류가 바뀌면서 풍수의 파트너도 바뀝니다. 물리적 측면에서는 무덤이었고, 정신적 측면에서라면 효(孝)와 기복(祈福) 신앙 등이 음택 풍수의 파트너가 되겠지요.

이후 풍수는 정치와 다시 한 번 손을 잡을 뻔합니다. 19세기 말, 조선이 외세의 침략 등으로 다시 격동의 시기에 빠졌을 때 풍수는 동학 등 변혁 이데올로기와 손을 잡습니다. 정치 풍수가 부활할 뻔한 것이죠. 하지만 그렇게 두드러진 정도는 아닙니다.

이후 풍수의 행보는 지지부진했습니다. 존립 자체가 위험해졌지요. 묏자리 풍수를 내세워 근근이 버텨나갔지만, 기껏해야 전 근대적 잡설이나 미신 취급을 받았을 뿐입니다.

그리고 한참 만에 기사회생하여 기회를 맞습니다. 예상치 못한 곳에서 귀인이 나타난 것이죠. 참으로 오랜만에 풍수에 제휴를 요청해온 파트너는 바로 인테리어 산업이었습니다. 어찌 보면 기묘하고, 어찌 보면 절묘한 파트너십입니다. 인테리어는 그 용어부터가 지극히 서구적이지 않습니까? 지극히 동양적인 풍수가 서구적인 인테리어와 제휴한 것입니다.

아파트가 대세인 현대의 주거 공간은 사실 엇비슷한 틀 안에 기능 중심으로 짜여 있습니다. 편리하지만 안락하지 않은 공간이지요. 이런 서구적 주거 스타일에 사람들은 아쉬움을 느낄 수밖에 없습니다. 그때쯤 바람과 물을 본질로 하는, 그래서 태생부터가 친자연적인 풍수의 매력에 눈길을 돌리게 된 것이지요.

이렇게 '풍수 인테리어'라는 신조어와 새로운 영역이 탄생했습니다.

도로 _ 기의 새로운 유통로

풍수 인테리어는 말하자면, 광활하게 탁 트인 자연을 활보하던 지기, 생기 등을 우리가 사는 실내로 끌어들이는 것을 전제로 합니다. 혹은 사람들의 거주지로 유입된 기의 흐름을 파악하고 살림에 유리하게 활용한다고도 할 수 있습니다.

어느 쪽이 됐든 문제가 하나 생기지요. 기는 주로 산맥과 산줄기를 타고 다닌다고 했잖아요. 기의 통로가 되는 산줄기를 용(龍)이라 한다 했습니다. 그런데 요즘 도시인의 거주는 산과는 동떨어져 있습니다. 도대체 기는 무엇을 타고 우리가 사는 아파트 실내까지 유입될 수 있을까요?

풍수 학인은 국토를 관통하며 새롭게 혈맥 역할을 하는 도로를 통해 기의 흐름을 포착하고 있습니다. 말하자면 거미줄처럼 깔린 도로가 21세기의 용이라는 얘기입니다. 한 도시의 생명은 그 도시로 연결되는 간선도로에서부터 시작되기 마련입니다. 도로망에서 기의 새로운 네트워크를 찾아보려는 시도는 적절해 보입니다.

자, 그럼 풍수 인테리어를 논할 수 있습니다. 고속도로 → 간선도로 → 지선도로를 통해 아파트(물론 아파트가 아닐 수도 있습니다만, 대세이니까)로 유입된 용의 기운을 어떻게 찾아내고 관리하면 될까요?

몇 가지 팁

풍수 인테리어라고 해서 기본 프레임에서 다를 것은 없습니다. 무릇 풍수는 기의 흐름에 따른 공간 구분을 전제로 합니다. 전통 풍수에서라면 그게 '용·혈·사·수'가 됩니다. 생기는 용·혈·사·수라는 공간을 무대로 '유입 → 집결 → 소통(유통) → 재충전 → 유출' 과정으로 전개됩니다.

풍수 인테리어의 경우 그 무대가 이미 주어져 있지요. 바깥의 도로를 타고 다니던 기는 현관을 통해 유입됩니다. 거실에 머물며 집결되겠지요. 거실은 집결처인 동시에 기의 소통이 시작되는 공간입니다. 욕실과 주방 그리고 각 방으로 기가 흐릅니다. 기 재충전의 장소는 침실입니다. 마지막으로 베란다에서 기를 유출하고 일부 받아들이기도 합니다. 이제 몇 가지 팁을 소개하겠습니다.

현관은 항상 정리돼 있어야 합니다. 안 그러면 기의 유입부터 삐걱거립니다. 기가 들어오면서부터 흩어지면 이후 집결이니 소통이니 그런 것들이 모두 힘들어집니다. 신발 외의 물건은 두지 않는 것이 좋습니다.

강물의 흐름을 한번 생각해보십시오. 강물 사이사이 돌이 박혀 있어야 물살이 직류로 급하게 흐르지 않습니다. 돌을 우회하며 곡선을 그려야 기의 흐름이 다양해집니다.

거실도 마찬가지입니다. 휑하면 집결하지 않고, 그냥 통과하거나 벽에 부딪힙니다. 가능한 선에서 가구를 벽에서 떼어 거실 중앙이 휑하지 않도록 해야 합니다.

부엌은 특별한 곳입니다. 식사 시간을 전후해 불과 물이 집중적으로 교류하는 곳입니다. 에너지도 강하고 복잡합니다. 거실과 일직선으로 아무런 구분 없이 통하는 구조는 피해야 합니다. 원래 구조가 그렇다면 식탁 등의 배치로 기가 한 번은 걸러지게 해야 합니다.

침실은 기가 재충전되는 중요한 장소입니다. 고요하고 안정적인 분위기를 만들어야 합니다. 전자제품의 전자파는 '기'의 재충전을 원초적으로 방해합니다. 무조건 삼가야 합니다. 침대는 상하좌우 어느 쪽이든 벽에 붙지 않는 게 좋습니다. 재충전의 문제가 아니라, 외벽을 타고 흐르는 기운을 곧바로 몸에 받으면 건강에 좋지 않기 때문입니다.

이 정도만 하겠습니다. 시중의 풍수 인테리어 책이나, 잡지 등을 보면 많은 정보가 쏟아집니다. 그런데 제가 소개해드린 정보도 그렇지만, 사실 풍수 인테리어의 지침이라는 게 "정리 잘하고 살아라!"라는 충고를 못 넘어서는 경우가 많아 아쉽습니다. 풍수 인테리어를 전문적으로 하는 분이 발전시킬 영역이 많습니다. 정진하시기를!

지중해 스타일 vs. 북유럽 스타일

그렇긴 하지만 이번 강의에서 실생활에 도움이 될 만한 아이디어를 기대한 분도 있을 테니, 한 가지만 더 소개하겠습니다. 거창하게 얘기하는 분은 오행 컬러 테라피(color therapy)란 말을 쓰기도 하는데, 그리 대단한 것은 아닙니다. 재미로 알아두면 되는 정도입니다.

먼저 사주 강의에서 삼재를 설명(131쪽)하면서 본인에게 부족한 오행을 색색의 포인트카드나 신용카드로 보충하라 했습니다. 부적에다 괜한 돈 쓰지 말라고 그랬지요. 누구나 사주에 부족한 오행이 있기 마련이고, 그 오행 요소는 색으로도 환원할 수 있다고 했습니다.

木(목)-靑(청)	火(화)-赤(적)	土(토)-黃(황)	金(금)-白(백)	水(수)-黑(흑)

풍수 인테리어에도 훌륭하게 응용할 수 있는 부분입니다. 무슨 말이냐면 자신에게 모자란 오행을 인테리어의 스타일로 보충할 수 있다는 이야기입니다. 자, 자신에게 부족한 오행은 만세력을 통해 각자 찾아야 합니다. 찾았나요? 그럼, 다음 쪽에 있는 오행별 인테리어 정보에서 자신에게 맞는 스타일을 살펴보세요.

솔깃한가요? 이사하시거나 집 안을 새롭게 단장할 때 기분 전환용으로 한번 적용해보면 재미있을 것 같습니다. 지나치게 매달리지는 말고요!

나에게 부족한 오행은?	나에게 맞는 인테리어 스타일은?
목(木)	**지중해 스타일 인테리어** 블루 계통의 색으로 모자란 목 기운을 보충한다. 멀리 지중해 부근의 풍경을 연상해보라. 옥빛 바다. 언덕 위로 자리 잡은 하얀 석회의 집들. 다시 파란색 지붕. 한쪽 벽면의 푸른색 벽지. 희고 넓은 소파 위에 놓인 파란색 쿠션 등이 그 예이다.
화(火)	**남미풍의 정열적 인테리어** 화 기운이 모자랄 때 꼭 필요한 색이 빨강이다. 빨강은 색상 자체의 에너지가 강력하다. 포인트 색상으로 조금씩만 이용해도 분위기가 달라진다.
토(土)	**신뢰감을 주는 황토 인테리어** 전원생활을 꿈꾸지만 모든 사람이 시골에 내려가 살지는 못한다. 하지만 황토 인테리어는 가능하다. 요즘 들어 실내 벽면을 황토로 바르는 집이 꽤 있다. 황토 인테리어는 아토피 완화에도 좋다.
금(金)	**화이트로 북유럽 스타일 인테리어** 북유럽 특유의 흐릿하고 찬 기운, 그리고 고급스러운 무채색 분위기를 자아내야 한다. 장식을 최대한 배제하고 간단해야 한다.
수(水)	**블랙을 활용한 이지적 느낌의 인테리어 스타일** 모던하고 세련된 느낌을 준다. 부엌 벽면의 타일이나 커튼, 소파, 의자 등을 검정으로 바꿔준다. 오행 중 수는 지적인 능력과 관계있다. 이지적 공간을 만들어주는 인테리어가 좋다.

22강

서울은
퇴적층이다

몰락(沒落)과 답보(踏步)….

풍수에 대해 생각할 때마다 저는 이런 단어들이 떠올라 항상 아련해집니다. 짧은 강의를 통해 풍수의 역사와 원리에 대해 정리하면서도 그런 느낌을 지울 수가 없었습니다. 오래전에 몰락한 채 답보하고 있는 풍수의 현실이 솔직히 답답했습니다. 이 현실을 어떻게 타개할 수 있을까?

풍수의 바깥에서 풍수를 바라보면 어떨까 하는 생각을 한 것은 그 때문입니다. 스스로 자신을 가둔 풍수의 좁은 울타리 안에서는 풍수를 제대로 볼 수 없다는 생각이 들었습니다.

팰림세스트

생소한 용어를 하나 소개하며 풍수에 관한 마지막 이야기를 시작하겠습니다.

팰림세스트(palimpsest)[24]라는 용어입니다. 처음 들어보지요? 대부분 그러리라 생각합니다. 말 자체도 오래됐고, 그 말이 담고 있는 대상도 아주 오래됐습니다. 색이 바랠 만큼 그렇게 오래됐습니다.

서양에 아직 종이가 없을 때, 종이 대용으로 쓰이던 게 바로 양피지입니다. 그런데 유럽에서 양피지는 누구나 쓸 수 있는 재료가 아니었습니다. 생각해보십시오. 양을 잡아야 양피지가 나오는데, 그게 흔할 리 없었겠죠.

일부 지식인층이나 쓰는 재료였습니다. 그리고 그마저도 풍족하게 사용하지 못했습니다. 그러니까 어떻게 했겠습니까? 양피지가 모자랄 때 말입니다. 새롭게 기록할 사안이 생기면 원래 썼던 글을 어떻게든 지우고 그 위에 글씨를 덧씌웠습니다. 그런데 양가죽에 새겨진 글이 잘 지워질 리 없습니다. 옛글이 흔적으로 남기 마련인데, 그때 그 흔적을 두고 팰림세스트라는 용어를 썼습니다. 정의하면 이렇게 되겠죠.

양피지에 희미하게 남아 있는 옛 글씨의 흔적

그러나 팰림세스트란 용어는 오래전에 당초의 맥락을 이탈했습니다. 양피지가 역사 속으로 사라졌는데, 양피지에 남아 있는 옛 글씨의 흔적이 어떻게 사람들의 주목을 계속 받을 수 있겠습니까? 그렇게 양피지 속 팰림세스트도 잊힐 운명이었고, 잊혔습니다.

---

24 라틴어로 '다시 긁어내다'라는 뜻이다. 쓰여 있던 것을 문질러 지우고, 그 위에 무언가 다시 쓰는 행위를 말한다. 그 의미는 확장을 거듭하여 오늘날에는 건축학, 지질학, 문학, 심지어는 과학수사에까지 광범위하게 쓰이는 용어가 됐다.

그러나 아예 사라지지는 않았지요. 엉뚱하게도 건축과 공간 해석 분야에서 뒤늦게 '위력'을 발휘한 것입니다. 천년 고도 서울을 떠올리며 팰림세스트의 새로운 쓰임새를 알아보겠습니다.

서울은 퇴적층이다

머릿속에 서울을 한번 그려보십시오. 서울이 아니어도 괜찮습니다. 지금 내가 사는 곳, 그래서 잘 안다고 생각되는 곳을 한번 떠올려보십시오. 부산도 좋고, 대구도 좋고, 광주·전주도 모두 좋습니다. 너무 시골만 아니면 됩니다. 저는 서울을 예로 들고 계속 가겠습니다.

질문 하나 하겠습니다.

서울이 담고 있는 경관은 모두 21세기의 것일까요? 서울을 구성하는 건축물을 떠올릴 때, 서울은 과연 첨단 도시일 뿐인가요?

그렇지 않습니다. 그럴 리가 없습니다. 서울 속에는 강남 도산대로의 대형빌딩도 있지만, 종로의 오래된 도심도 있습니다. 북촌의 한옥 마을도 있습니다. 옆에는 조선 시대의 왕궁도 있습니다. 그것뿐이겠습니까?

1960~70년대 급박하게 진행된 도시화의 흔적이나 달동네도 아직 남아 있습니다. 그보다 수십 년 전에 만들어진 일본의 적산가옥도 있습니다. 복원된 것이 대다수라 할지라도 수백 년 전의 사찰들도 여전합니다.

팰림세스트 얘기를 왜 꺼냈는지 이제 짐작하셨으리라 생각합니다. 지워질 듯 지워지지 않은 채 흔적으로 남은 건축물들. 바로 팰림세스트가 21세기 서울의 상당 부분을 규정하고 있는 것입니다.

서울은 말하자면 퇴적층입니다. 1,000년 그 이상의 문명과 생활이 '경관'이라는 외양을 취한 채 차곡차곡 쌓여 있는 곳입니다. 양피지에 남은 옛 글씨의 흔적처럼, 서울이란 공간에도 옛 문명의 흔적이 곳곳에 숨어 있습니다.

그런데 말입니다. 그렇게 팰림세스트의 맥락에서 서울을 볼 때, 우리는 불가피하게 풍수를 떠올릴 수밖에 없습니다. 서울이란 곳을 바로 보려면, 그 역사성을 제대로 들추어내려면, 풍수라는 도구가 필수라는 얘기입니다.

풍수의 역사, 원리, 지침은 그래서 중요합니다. 천년 고도 서울[25]은 역사적으로 대부분의 기간 동안 풍수적 맥락에서 건설되어 왔기 때문입니다. 풍수를 도외시한 채 서울의 온전한 실체를 파악하는 것은 전적으로 불가능합니다.

그리고 다시 말씀드리지만, 어디 서울뿐이겠습니까? 역사를 갖지 않은 공간은 없습니다. 그리고 적어도 그곳이 동아시아의 어떤 지역이라면, 그곳에 담긴 공간의 역사는 풍수로부터 자유롭지 못합니다. 풍수는 오랫동안 우리나라를 포함한 동아시아에서 사람들이 사는 공간을 구성해내는 현실적 원동력이었습니다.

풍수의 혈처

풍수적 사고 없이 도처에 잠복한 팰림세스트를 파악할 수 없고, 팰

---

25 풍수적인 내력으로 볼 때, 서울은 정말 천년 고도다. 서기 1101년, 고려의 명장 윤관(尹瓘)은 당시 고려 왕 숙종으로부터 남경(南京)으로 삼기에 적당한 터를 물색하라는 명을 받았다. 윤관이 선택한 곳이 지금의 서울 지역이다.

림세스트에 대한 파악 없이 현실 공간을 읽어낼 수가 없다는 얘기가 됩니다. 풍수가 사라지는 순간, 우리를 둘러싼 이 풍성한 상징의 장소는 삭막한 추상 공간으로 전락합니다. 그것은 두려운 일입니다. 재앙이기도 하죠.

풍수에 관한 마지막 강의의 화두는 다른 게 아닙니다. 풍수에게 오랫동안 부과된 몰락과 담보, 그 낙인(烙印)을 걷어내기 위해 무엇을 해야 할까? 바로 그것입니다. 좀 더 현실적인 차원으로 끌어내리면 이런 질문일 수도 있습니다.

풍수의 복원을 시작해야 할 지점은 도대체 어디일까?

'그 어디'인가를 풍수 식으로 말하면 바로 혈처(穴處)가 되겠지요. 멀리서 용이 끌고 온 기운을 뭉쳐놓은 그곳, 생기를 은은하게 퍼뜨리며 그 일대를 명당으로 만드는 핵심 지점…. 저 멀리 1,100여 년 전 우리 산하를 활보하던 선승 집단들에게서 전해져 내려왔으나 이제는 지지부진해진 생기를 내뿜을 수 있는 그곳, 바로 풍수의 혈처를 찾아야 합니다.

그곳은 멀리 있지 않습니다. 풍수의 부재가 재앙으로 느껴지는 곳, 바로 그곳이 풍수의 혈처입니다. 풍수가 사라질 경우 우리가 사는 이 풍성한 장소가 삭막한 추상 공간이 될지도 모른다고 말씀드리지 않았습니까? 바로 그 지점이 풍수의 혈처라고 저는 생각합니다. 풍수를 새롭게 이끌고 갈 기운도 그곳에 존재하리라 생각합니다.

발복만을 중시하는 오랜 관성에서 풍수가 벗어날 때가 된 것도 같습니다. 무덤과 현관·거실에 집착하는 기법·술수의 굴레에서 풍수가 잠시라도 벗어났으면 좋겠다는 얘기입니다. 뭐랄까, 우리 주위에 문명과 주거의 '퇴적층'이 산재해 있지 않습니까? 서울처럼 복잡한 공간들을 해석하는 도구로 거듭날 모종의 결단 같은 것을 풍수가 한 번쯤은 할 때가 된 것 아닌가, 그런 생각을 합니다.

시론(試論)에 그칠 수밖에 없어 아쉽지만, 또 아쉬운 대로 풍수에 대한 강의 마치겠습니다.

이제 주역에 관한 이야기가 남았습니다.

제 4 부

주역 : 변화, 우주, 마음

23강

변화의 책,
난세의 책

사주·풍수에 이어 주역(周易)에 관한 이야기를 시작하겠습니다. 주역은 강호인문학의 삼총사 중에서 가장 난해합니다. 주역을 놓고 신비감을 얘기하는 사람이 꽤 있는데, 이는 난해함에서 비롯되는 것이 아닐까 싶습니다. 이 난해와 신비를 어떻게 뚫고 나갈까, 설명하는 저도 고민을 많이 하게 됩니다. 일단, 제가 주역 공부를 처음 시작할 때 이야기를 들려드리겠습니다.

황당한 첫인상

10년도 훌쩍 넘은 것 같습니다. 처음 주역을 공부하겠다며 두툼한 책과 옥편을 놓고 일독을 시도하는데, 그게 참 황당했습니다. 64괘(卦)라 하지요. 이른바 음(--)과 양(—)을 상징하는 막대기를 위아래로 여섯 개씩 쌓아놓은 기호들은 아무리 쳐다봐도 분간이 가지 않았습니다.

예를 들면 이런 식이지요. 충격받으실까 봐 다섯 개만 적겠습니다!

䷀ 重天乾(중천건)
䷁ 重地坤(중지곤)
䷕ 山火賁(산화비)
䷾ 水火旣濟(수화기제)
䷿ 火水未濟(화수미제)

　좀 황당하지요? 기호 옆에 한자로 써놓은 게 괘의 이름인데, 그건
사태를 악화시킬 뿐이었지요. 화가 날 지경이었습니다. 어떻게 하겠
습니까, 일단 묻어두어야지요. 괘에 딸린 설명을 보면 도움이 될까 해
서, 우리말 해석과 함께 읽어봤습니다. 다섯 개의 사례 중 가운데 위
치한 山火賁 기호입니다. '산화비'라고 읽어지지요. 읽는 것과 아는 것
은 좀 다르지요? 아직까지는 그저 읽어질 뿐입니다.

䷕ 山火賁(산화비)　賁亨小利有攸往(비 형 소리유유왕)

　한글 풀이를 읽었습니다. 이렇게 됩니다.

꾸며야 한다[賁].
적극적으로 나서라[亨].
가는 바가 있으면 조금은 이롭다[小利有攸往].

이 정도면 공황상태라 할 수 있겠습니다. 여러분이라면 어떻게 하겠습니까? 공부고 뭐고, 다 때려치우고 싶지 않을까요?

저는 때려치웠습니다. 책을 덮었습니다. 주역은 『논어』, 『맹자』, 『중용』, 『대학』을 다 뗀 이들이 읽는 명실상부 동양 최고(最古인 동시에 最高)의 경전이라 합니다만, 그건 해석이 될 때 얘기지요. 기호인 괘도, 기호의 이름인 괘명(卦名)도, 기호에 대한 해설인 괘사(卦辭)도 이해가 안 가는데 무슨 공부를 하느냐, 이런 생각이었습니다.

변화의 책

그러나 포기한 것은 아니었습니다. 대신 다른 길을 택했습니다. 일단 주역이 무엇에 관한 것인지 알아보기로 했습니다. 그리고 저의 무지가 한자 독해의 어려움에서 비롯될 수 있다는 생각에, 영어책을 찾아보기로 했습니다. '중국 고대 문화에 더욱 무지할 것 같은 서구인은 주역을 어떻게 받아들였을까? 그걸 알면 나도 주역 공부를 다시 시작할 수 있지 않을까?' 그런 생각을 했던 것입니다. 어렵사리 찾아낸 영어 주역 책 『I Ching : Book of Changes』가 저에게 한 가닥 숨통을 트여주었습니다.

'I Ching'이라…. 당황했지만, 직감으로 그 뜻을 예상했고 나중에 확인해보니 맞았습니다. '역경(易經)'의 중국어 발음이었습니다. 주역은 경전 대우를 받아 역경이라고도 불리니까요. 그리고 'Book of Changes', 맞습니다. 주역은 한마디로 요약하면 '변화의 책'이었던 것입니다. 변화에 관해 논하는 책이라 불러도 좋을 것입니다. 책에 따라서는 'Classic of Changes'라 제목을 달기도 했으니, 아예 『시경詩經』과

『서경書經』이나 『법화경法華經』과 『화엄경華嚴經』처럼 '변화경(變化經)' 이라 불러도 좋을 것입니다.

주역을 그냥 '역(易)'이라고도 하지요. '역'이란 한자는 도마뱀의 상형(象形)으로 보기도 하고, 일(日)과 월(月)의 합성으로 보기도 하는데 어느 쪽이든 변화를 뜻합니다. 도마뱀은 환경에 따라 피부색을 변화시키는 동물이지요. 해와 달은 낮과 밤의 형태로 끊임없이 돌고 돕니다.

중요한 것은 주역이 '변화에 관한 책'이라는 점입니다.

그렇다면 무엇이, 어떻게 변하는 걸까요? 저는 한동안 덮어두었던 한자·한글 조합의 주역을 다시 펼쳤습니다. 그곳에는 64개의 괘가 그대로 남아 있었습니다. 그러나 예전처럼 이해 불가의 영역은 아니었습니다. '변화'라는 키워드는 64괘를 새로운 맥락에서 바라보게 해주었습니다.

64가지 상황

나중에 설명하겠지만, 64괘와 64괘에 관한 짧은 해설 외에도 주역은 많은 철학적 주석을 담고 있습니다. 그러나 본질은 여전히 64개의 괘입니다. 그리고 64개의 괘는 거칠게 요약하자면 인간이 살면서 처하게 되는 64가지 상황으로 볼 수 있습니다.

그중에는 강하게 치고 나가도 되는 상황이 있는가 하면[乾], 부드럽게 주위 사람들을 포용해야 하는 상황이 있을 수도 있습니다[坤]. 무엇인가 준비하며 자신을 가꾸고 꾸며야 하는 상황도 있습니다[賁]. 어렵지 않게 결실을 보기도 하지만[旣濟], 아무리 애를 써도 미완성을 감수해야 하는 상황도 있습니다[未濟].

주의해 들었다면, 앞서 사례로 든 다섯 가지 괘만 상황으로 풀이한 것을 알 수 있습니다. 살다 보면 별의별 상황에 다 맞닥뜨리게 되지요. 훗날을 기다리며 힘을 축적해야 하는 상황, 혁명적인 변화를 꾀해야 할 상황, 시류에 자신을 맡겨야 하는 상황도 있습니다. 이런 상황을 포함해 64가지의 상황 또는 괘를 곧 정리할 수 있을 것입니다.

주역은 우리가 살면서 맞부딪치는 상황이 대단히 다양하다는 사실을 알려줍니다. 적어도 64개의 상황은 된다는 것이지요. 그런데 사람들은 자신들에게 매일매일 일어나는 상황을 지나치게 단순화하곤 합니다. 자신에게 유리한 상황 아니면 불리한 상황으로 말입니다.

사람들은 삶의 상황을 그렇게 딱 두 가지로만 보려고 합니다. 더욱이 불리한 상황만을 부각해 좌절하고 실망하기 일쑤입니다. 반대로 지나친 낙관과 자만에 빠지기도 하지요. 그러나 변화의 책인 주역은 말합니다. 삶에는 정말 다양한 상황이 존재한다고, 그리고 그 상황은 한시도 머물지 않고, 시시각각 변한다고 말입니다.

난세의 책

첫 강의에 너무 많은 것을 설명하진 않겠습니다. 변화와 함께 주역을 관통하는 또 다른 키워드로 첫 강의를 마칠까 합니다.

주역이 난세에 태어난 책이라는 점을 기억해두었으면 합니다. 주역은 신화적으로도, 실증적으로도 난세의 산물입니다. 신화적인 견지에서 주역 64괘를 만든 이는 고대 중국의 주(周)나라 문왕(文王)으로 알려져 있습니다. 그런데 문왕이 64괘를 창안하는 것은 감옥 안에서였습니다. 문왕은 주를 창건하고 은(殷)의 폭정을 뒤엎는데, 그 전에 폭

정의 주역이었던 은의 주왕(紂王)에 의해 세상과 격리된 감옥에 오랫동안 갇혀 있었습니다. 주역은 극악한 고통 속에서 탄생한 것입니다.

실증 가능한 역사의 견지에서도 마찬가지입니다. 현대 학자들은 주역 64괘의 탄생 시기를 춘추전국시대의 중국[26]으로 보고 있습니다. 5패(五覇)와 7웅(七雄)을 얘기하지만, 그야말로 단순하게 정리되는 시기가 아니었지요. 군웅(群雄)이 할거하던 시대였고, 온갖 모략과 술수가 판치던 시대였습니다. 그런 극도의 혼란 속에서 태어난 게 주역입니다.

주역은 그래서 변화의 책인 동시에 난세의 책입니다. 어쩌면 같은 말일 것입니다. 난세에는 모든 것이 불확실합니다. 그렇게 불확실한 시대 또는 시기에 사람들은 그 불확실한 정황을 일정한 변화의 모양새에 묶어두려 합니다. 붙잡아두지 않으면 그 변화에 먹힐 것 같으니까요.

그렇게 절박한 상황에서 주역이 태어났다는 사실을 염두에 두면서, 강의를 들어주었으면 합니다. 염려와 근심의 한 복판에서 괴로움을 이겨내는 길을 제시하는 책이 주역입니다.

---

26 기원전 8세기~기원전 3세기에 걸친 중국의 변혁기. 주나라가 북방 유목민에 밀려 동쪽으로 수도를 옮긴 때부터 진(秦)이 중국을 통일할 때까지를 이른다. 난세인 동시에 지혜의 시대였다. 유례없는 독창성으로 무장한 제자백가가 출현했던 시대다. 분열의 시대는 발전의 시대이기도 하다.

24강

붉은 노을의
추억

주역은 강호인문학 중에서도 난해한 분야입니다. 방대하고도 잡다합니다. 나중에 주역의 형성 과정을 이야기할 때 설명하겠지만, 대략 2,000~3,000년에 걸쳐서 수많은 사람의 이론이 덧붙여져 만들어진 텍스트 체계입니다. 그러나 핵심은 하나입니다. 64괘입니다. 거두절미하고 핵심으로 진입합시다.

64장의 카드

64괘가 생소한 분도 있겠지만, 겁먹을 필요는 없습니다. 고대 중국에서 만들어진 64장의 카드라고 생각하십시오. 일단은 타로카드[27] 정도로 생각해도 무방합니다. 총 78장의 카드 중에서 몇 장의 카드를 무작위로

---

27 22장의 메이저 카드와 56장의 마이너 카드 중에서 몇 장의 카드를 뽑아내, 카드에 그려진 그림을 스토리로 엮어내는 방식이다. 본질에 있어 주역과 다를 게 없다.

뽑아 사람의 운명을 해설해주는 게 타로지요. 주역은 타로보다는 좀 어렵습니다. 색색의 그림 대신 음(--)의 막대와 양(—)의 막대를 6개 쌓아올려 만든 기호가 등장하고, 익숙하지 않은 한자가 나오니까요.

그러나 앞 강의에서 사주와 풍수를 이해했다면, 주역도 충분히 도전해볼 만합니다. 힘겨워도 산봉우리 하나를 넘고 나면 오랫동안 평탄한 능선이 펼쳐지는 법입니다.

64개의 카드를 모두 공개하기 전에 몇 가지 맛만 보이겠습니다. 다시 한 번, 직전 강의에서 제시했던 5개의 괘입니다.

1	2	…	22	…	63	64
重天乾 (중천건)	重地坤 (중지곤)	…	山火賁 (산화비)	…	水火旣濟 (수화기제)	火水未濟 (화수미제)
☰ ☰	☷ ☷	…	☶ ☲	…	☵ ☲	☲ ☵

64개의 카드는, 그러니까 주역의 용어로 괘는 1번과 2번에 해당하는 (중천)건·(중지)곤 카드에서 시작해서 63번과 64번인 (수화)기제·(화수)미제 카드로 끝납니다. 괘의 진짜 이름은 건·곤·기제·미제 등입니다. 괄호 글자는 괘의 구조를 나타낸다고 보면 됩니다. 이에 대해선 곧 설명하겠습니다.

자, 그런데 중간에 괘 한 장(22번)을 집어넣었습니다. 비(賁)라고 읽는 카드, 아니 괘라고 해야겠지요. 여러 색깔로 무엇인가를 꾸민다는 뜻을 지니고 있습니다. 보통은 크다는 뜻의 '분'으로 읽는데, 주역에서 취한 뜻과 소리는 '꾸밀 비'입니다. 두 가지 뜻을 다 가진 한자입니다.

이제부터 주역 64괘 중 22번째에 해당하는 (산화)비 괘를 특별히 골라낸 이유를 설명하겠습니다. 지극히 개인적인 이유입니다.

붉은 노을에 담긴 뜻

주역은 말씀드렸듯이 난해합니다. 저도 10여 년 전에 주역을 처음 들추었지만, 한동안 막막했습니다. 주역은 처음부터 끝까지 64괘에 대한 해설인데, 이 64괘가 도대체 무슨 필요 때문에 만들어진 것인지 도무지 감이 잡히지 않았기 때문입니다. 64괘를 들여다보고 또 들여다보아도 그 정체를 알 수 없었습니다. 어떤 사람들은 주역 64괘를 두고 '우주의 삼라만상을 담고 있는 비밀의 기호'라고 말하지만, 저에게는 와 닿지 않았습니다.

그래도 포기하지 않고, 64괘를 머릿속에 담아 계속 되뇌곤 했습니다. 그래 봐야 괘의 이름과 그 이름이 담고 있다는 뜻 정도였습니다. '모르는 책도 100번 읽으면 뜻이 저절로 통한다는데, 64괘 역시 그렇지 않겠는가?' 하는 생각으로 말입니다. 지금 생각해보면 좀 우직한 믿음이었던 것 같습니다.

그런 생각으로 64괘와 내 주위에 펼쳐진 사상(事象)에 대해 밤낮(까지는 아니었을지 몰라도 꽤 집중적)으로 생각했습니다. 앞에서도 한 번 얘기한 적이 있지만, 제가 '사지사지 귀신통지(思之思之 鬼神通之)'란 말을 참 좋아합니다. '생각하고 또 생각하면, 귀신이 도와줘서 알게 되는 그런 순간이 온다.' 기억나나요? 막연하지만 그렇게 갑작스러운 통찰의 순간을 기대하며 64괘에 집중, 또 집중했습니다.

그리고 그 순간이 왔습니다. 어느 가을날, 저녁 대여섯 시쯤 서울의 어느 한적한 시내를 걷다가 문득, 먼 산을 쳐다보게 됐습니다. 뭐랄까, 좀 상서로운 빛이 은은하게 흐르는 그런 느낌이 있었거든요. 서울이란 곳이 원래 산이 흔하지 않습니까? 도심에 있어도 빌딩 사이로 산이 보이고 그럽니다. 은은한 빛의 발원지가 산 쪽이라고 생각했습니다.

산 쪽으로 고개를 돌리니 빛의 정체를 알 수 있었습니다. 바로 저녁 노을이었습니다. 붉은 노을이 산 위쪽으로 장엄하게 퍼지고 있었습니다. 저는 노을을 오랫동안 뚫어지게 쳐다보았습니다. 그러자 눈에 보이지 않지만, 산 뒤편 아래쪽으로 사라지며 붉은빛을 내뿜고 있을 태양, 그 불덩어리가 머릿속에 떠올랐습니다. 저녁 하늘을 화려하게 꾸미고 있는 석양은 바로 산과 그 아래로 숨은 불의 조합에서 나온 것이었습니다.

"바로 저것이었구나! 위로 산, 그 아래로 불…. 그리고 꾸민다…. 산화비!"

주역 64괘 중 22번째인 (산화)비의 괘를 눈으로 확인한 순간이었습니다.

64괘 _ 삼라만상의 상징

지극히 개인적인 경험일 수 있지만, 그렇게 붉은 노을의 추억 하나로 주역 64괘를 일이관지(一以貫之)할 수 있었습니다.

주역 비 괘의 산화가 산(위)과 불(아래)의 결합인 것처럼, 건 괘의 중천은 하늘과 하늘이, 곤 괘의 중지는 땅과 땅이 끝없이 이어지는 형국이었습니다. 마찬가지로 기제 괘의 수화는 물과 불, 미제 괘의 화수는 불과 물의 상하 결합입니다.

그러나 64괘를 그렇게 어떤 두 요소의 결합으로 표시한 자연의 이미지로 보는 것은 저만의 방식은 물론 아닙니다. '지극히 개인적인' 경험이라 했지만, 독창적인 착안도 아니란 얘기입니다.

64괘를 그렇게 보는 것은 주역의 공인된 해설 중 하나인 「대상전大象傳」의 방식입니다. 64괘 하나하나에 우리를 둘러싼 주위 경관의 형상을 부여하는 게 「대상전」의 방식입니다. 64괘는 음과 양의 막대 세 개로 이뤄진 작은 괘의 상하 결합입니다. 「대상전」은 그 결합을 이미지와 이미지의 결합으로 설명해냅니다. 결과물도 역시 이미지입니다. 그렇게 64괘가 삼라만상의 이미지를 상징하고 있다고 보는 것입니다.

풀이하자면, 음양 두 종류의 막대를 삼 층으로 쌓아 올릴 때 조합할 수 있는 형상은 8개입니다. 2(아래)×2(중간)×2(위)=8이니까요. 이 형상을 8괘라 통칭합니다. 8괘의 구성 과정은 뒤에서 설명하겠습니다 (210쪽). 그리고 이 8괘가 기본이 되어 아래위로 서로 결합하여 온전한 괘로 만들어진 것이 64괘입니다. 8(아래)×8(위)=64이니까요.

☰ 乾(건)	☱ 兌(태)	☲ 離(리)	☳ 震(진)	☴ 巽(손)	☵ 坎(감)	☶ 艮(간)	☷ 坤(곤)
하늘[天]	연못[澤]	불[火]	우레[雷]	바람[風]	물[水]	산[山]	땅[地]

위의 표는 8괘를 정리한 것입니다. 한자가 이중으로 표기돼 있어서 의아할 수 있습니다. 위쪽 '건·태·리·진·손·감·간·곤'이 본체에 해당합니다. 우선 알아야 할 명칭이지요. 순서대로 외면 주역 공부하는 데 큰 도움이 됩니다. 하늘로부터 연못과 불을 거쳐 땅으로 전개되는 8개 요소는 물론 현상에 해당합니다.

한번 8괘를 두 개씩 조합해볼까요? 불(세 번째 칸의 리)을 아래에 두고 산(일곱 번째 칸의 간)을 위에 두면 산화비(䷚)가 됩니다. 불(세 번째 칸의 리)을 아래에 두고 물(여섯 번째 칸의 감)을 위에 두면 수화기제(䷾)가 되겠지요. 반대로 하면 화수미제(䷿)의 괘가 나옵니다. 하늘을 위아래로 두면 중천건(䷀), 땅을 겹치면 중지곤(䷁)이 되는 것입니다.

8괘만 알면…

고대인은 이 8개의 형상을 우주의 기본적인 구성 요소로 보았습니다. 저는 개인적으로 연못[澤]의 존재가 좀 특이하다고 생각했습니다. 그런데 중국을 잘 아는 분의 얘기를 들으니, ○○호(湖)라 불리는 중국의 못은 규모가 어마어마하다고 하더군요. 연못이 농사를 위한 저수지의 역할도 했기 때문에, 고대인의 사유 속에서 우주를 구성하는 8개의 형상에 들어갈 충분한 근거를 가지고 있다고 설명해주었습니다.

그건 그렇다 치고, 8괘의 이미지를 구분할 수 있겠는지요? 쉽지 않을 겁니다. 언제 음(--)을 쓰고, 언제 양(—)을 써야 하는지 헷갈릴 수밖에 없습니다. 예컨대 우레를 뜻하는 진 괘 ☳는 제일 아랫줄에 하나로 이어진[連] 양의 막대를 썼는데, 바람을 뜻하는 손 괘 ☴는 같은 줄에 가운데가 끊어진[切] 음의 막대를 썼습니다.

이것만 제대로 구분하면 64괘를 자유자재로 구성할 수 있습니다. 64괘가 더 이상, 음양 막대의 무의미한 조합으로 보이지 않게 된다는 얘기입니다. 한번 해볼 만하지 않은가요? 정보를 몇 가지 드릴 테니 외워보십시오. 사주 공부할 때도 십간과 십이지를 외었고, 풍수 공부할 때도 용·혈·사·수 정도는 외었지요? 8괘와 괘상(卦象)을 정확히 외는 순간, 주역을 보는 눈이 한순간에 업그레이드됩니다. 주역 공부하는 분이라면 누구나 이 정도는 외웁니다.

乾三連 (건삼련)	兌上切 (태상절)	離虛中 (리허중)	震下連 (진하련)	巽下切 (손하절)	坎中連 (감중련)	艮上連 (간상련)	坤三節 (곤삼절)
☰	☱	☲	☳	☴	☵	☶	☷

무슨 뜻인지 영 느낌이 안 오나요? '사지사지 귀신통지'입니다. 뚫어지게 쳐다보고 몇 번 소리 내 읊조리다 보면 그 뜻을 충분히 알 수 있습니다. 건 괘는 세 줄이 모두 이어져 있고, 태 괘는 윗줄이 끊기고, 리 괘는 가운데가 허전하고…. 여기까지만! 여러분을 믿겠습니다.

암기할 시간을 드려야 하니, 이번 강의는 여기서 마치겠습니다.

25강

64괘
이야기 1

주역의 64괘가 대강 어떤 것인지 간단하게 살펴봤습니다. 앞으로 두 번에 걸쳐 64괘에 대해 좀 더 천착해볼 생각입니다. 주역의 핵은 오로지 64괘라고 말씀드렸습니다. 다른 주역 해설서의 경우 초반에, 주역의 역사·편제 등에 대해 배경 설명을 많이 하는데, 그건 잠시 미루겠습니다. 이 강의에서는 장황한 설명은 되도록 피할 생각입니다.

음양의 확장

먼저 짚고 넘어가야 할 것이 있습니다. 강호인문학의 총론을 이야기할 때 정리한 적이 있습니다.

사주는 오행, 주역은 음양, 풍수는 기로부터 연역된다.

기억하겠지요? 그런데 64괘를 얘기하면서 음양에 관한 설명은 상대적으로 소홀했던 것 같습니다. 소홀함의 책임은 당연히 저의 설명 방식에 있습니다. 음양의 중요성은 더 말할 나위 없습니다. 64괘가 8괘의 겹침으로 만들어졌다는 것은 이해했을 것입니다. 8괘가 구성되는 과정이 필요합니다. 그림부터 볼까요?

아래서부터 위쪽으로 살펴봐야 합니다. 전체 그림도 그렇고, 한 괘의 탄생 과정도 마찬가지입니다. 그렇게 보면 8괘 중 '건·태·리·진'은 양(─)이 분화해 만들어졌다는 사실을 알 수 있습니다. 오른쪽 '손·감·간·곤'은 음(--)의 파생입니다.

예컨대 리 괘를 보면 홀로 존재하던 양(─) 위로 음(--)이 가세하면서 ☵이 만들어지고, 그 위로 양(─)이 추가되면서 ☲ 형태의 리 괘가 만들어진 것이지요. 바로 직전 강의에서 리허중(離虛中) 암기를 요청하면서, '가운데 음─위아래 양'의 구조를 제시했지만, 그거야 방편일 뿐입니다. 실제 8괘의 생성은 음과 양의 막대가 아래로부터 차곡차곡 쌓이면서 이뤄진다고 봐야겠지요. 나머지 7개의 괘도 마찬가지입니다.

괘의 구조

공간이 넓다면 앞 도표의 8괘 위로 64괘를 차곡차곡 모두 쌓아 한 번에 보여드릴 수도 있었을 것입니다. 그렇게 못 보여드리는 점 이해해주리라 믿습니다(책을 뚫고 나갈 수는 없는 일이지요!).

이제 64괘 중 하나를 골라, 괘의 구조를 살펴보겠습니다. 원리는 같습니다. 아래서부터 쌓아 나갑니다. 어떤 괘를 골라볼까요? 산화비 괘로만 말씀드리면 지루할 테니, 이번에는 64괘 중 마지막 화수미제 괘를 예로 들겠습니다.

← 上爻(상효)	上九(상구)
← 五爻(오효)	六五(육오)
← 四爻(사효)	九四(구사)
← 三爻(삼효)	六三(육삼)
← 二爻(이효)	九二(구이)
← 初爻(초효)	初六(초육)

괘를 이루는 음·양의 막대를 효(爻)라고 합니다. 그런데 음(陰) 대신 육(六), 양(陽) 대신 구(九)를 쓴 점이 특이합니다. 물론 지금까지와 마찬가지로 음·양을 써도 무방합니다. 그러나 주역 원문의 표기를 따랐습니다. 이 강의 후에 주역에 대해 좀 더 깊이 공부하고 싶은 분도 있을 테니까요.

그런데 왜 음과 양을 6과 9라는 숫자로 표시하는지 궁금할 겁니다. 고대 중국인은 숫자 중에 짝수를 음의 수로, 홀수를 양의 수로 봤습니다. 그중에서도 6을 음의 상징 숫자로, 9를 양의 상징 숫자로 취급했습니다.

중양절(重陽節)이라고 들어보았는지 모르겠습니다. 음력으로 9월 9일이 바로 중양절입니다. 중양절이 되면, 산에 올라가 국화주를 마시고 시를 읊으며 시절을 즐겼다고 합니다. 길일 중에서도 길일로 쳤지요. 양을 대표하는 숫자 9가 두 번 겹쳤기 때문입니다. 숫자에 대해서는 이 정도만 이야기해도 될 것 같습니다.

참, 빠뜨린 얘기가 있습니다. 하나의 괘에는 괘의 의미를 요약하는 짤막한 설명이 있습니다. 괘사라고 하지요. 그리고 아래로부터 차곡차곡 쌓이며 하나의 괘를 이루는 음·양의 막대, 즉 6개의 효도 해설을 각각 하나씩 갖습니다. 이를 효사(爻辭)라고 합니다. 그럼, 괘의 구조를 이렇게 정리할 수 있겠습니다.

① 효 6개가 모여 한 개의 괘를 이룬다.
② 한 개의 괘마다 괘에 대한 설명(괘사)이 한 개씩 있다.
③ 6개의 효에는 각각 한 개의 설명(효사)이 있다.
즉, 1괘=1괘사+6효사 / 건과 곤 괘에는 효사가 한 개씩 더 있다.

이런 조합을 64개 모아놓으면 그게 바로 주역입니다.

64괘

64괘 각각은 모두 6개의 효로 구성되고, 그 효를 부르는 명칭은 '화수미제'에서 본 것과 같은 방식을 따릅니다. 물론 음·양의 구성은 괘마다 다르겠지요.

이제 주역의 첫 번째 강의에서 부분으로만 소개했던 64괘를 펼쳐드리겠습니다. 주 문왕의 배열이라고 전해집니다. 어느 정도 신화적 애기인 만큼 시비를 걸 필요는 없겠지요. 각각의 괘는 두 개씩 짝을 이루고 있습니다.

크게 보아 30개의 상경(上經)과 34개의 하경(下經)[28]으로 나뉩니다. 상경과 하경을 각각 자연현상과 인간사회에 관한 것으로 나누기도 하고, 공간 개념과 시간 개념으로 구분하기도 하는데, 그렇게 의미 있는 구분은 아닌 것 같습니다. 그저 관행이 굳어진 것이라 생각하면 속이 편합니다.

이번 강의는 주로 도표와 그림을 제시하는 것으로 마치게 됐네요. 조금만 쉬어가겠습니다. 다음 강의에서 64괘 중 자주 회자되는 괘를 몇 개 골라 따로 살펴볼 것입니다.

그럼, 양해해주시는 것으로 알고 214~215쪽에 64괘를 펼치면서 강의를 마치겠습니다.

---

28 1번부터 30번 중화리까지를 상경, 31번부터 64번 화수미제까지를 하경으로 구분한다.

64괘

1	2	3	4	5	6	7	8
중천건 (重天乾)	중지곤 (重地坤)	수뢰준 (水雷屯)	산수몽 (山水蒙)	수천수 (水天需)	천수송 (天水訟)	지수사 (地水師)	수지비 (水地比)
강건	포용	막힘	몽매	인내	소송	전투	인화

9	10	11	12	13	14	15	16
풍천소축 (風天小畜)	천택리 (天澤履)	지천태 (地天泰)	천지비 (天地否)	천화동인 (天火同人)	화천대유 (火天大有)	지산겸 (地山謙)	뇌지예 (雷地豫)
양육	실행	화합	갈등	동료	풍년	겸손	즐거움

17	18	19	20	21	22	23	24
택뢰수 (澤雷隨)	산풍고 (山風蠱)	지택림 (地澤臨)	풍지관 (風地觀)	화뢰서합 (火雷噬嗑)	산화비 (山火賁)	산지박 (山地剝)	지뢰복 (地雷復)
따름	미혹	추진	관망	과감	꾸밈	위기	회복

25	26	27	28	29	30	31	32
천뢰무망 (天雷无妄)	산천대축 (山天大畜)	산뢰이 (山雷頤)	택풍대과 (澤風大過)	중수감 (重水坎)	중화리 (重火離)	택산함 (澤山咸)	뇌풍항 (雷風恒)
섭리	축적	양육	무리	험난	명철	교류	평정

33	34	35	36	37	38	39	40
천산둔 (天山遯)	뇌천대장 (雷天大壯)	화지진 (火地晉)	지화명이 (地火明夷)	풍화가인 (風火家人)	화택규 (火澤睽)	수산건 (水山蹇)	뇌수해 (雷水解)
후퇴	확장	나아감	암흑	화목	분규	파행	해소

41	42	43	44	45	46	47	48
산택손 (山澤損)	풍뢰익 (風雷益)	택천쾌 (澤天夬)	천풍구 (天風姤)	택지췌 (澤地萃)	지풍승 (地風升)	택수곤 (澤水困)	수풍정 (水風井)
희생	베풂	타개	만남	집중	약진	곤란	핵심

49	50	51	52	53	54	55	56
택화혁 (澤火革)	화풍정 (火風鼎)	중뢰진 (重雷震)	중산간 (重山艮)	풍산점 (風山漸)	뇌택귀매 (雷澤歸妹)	뇌화풍 (雷火豐)	화산려 (火山旅)
혁신	의례	격변	멈춤	순리	파격	풍족	여행

57	58	59	60	61	62	63	64
중풍손 (重風巽)	중택태 (重澤兌)	풍수환 (風水渙)	수택절 (水澤節)	풍택중부 (風澤中孚)	뇌산소과 (雷山小過)	수화기제 (水火旣濟)	화수미제 (火水未濟)
유연	기쁨	분산	절개	믿음	소극	완성	미완성

26강

64괘
이야기 2

이번 강의에서는 괘에 대해 좀 더 구체적으로 알아보겠습니다. 괘의 명칭만으로는 그 내용을 알기가 쉽지 않지요. 그래서 64개 모두를 해설하면 좋겠지만, 그건 강호인문학 강의의 범위를 넘어섭니다. 기회가 또 있겠지요. 그래도 여기까지 왔으니 "아, 이런 게 주역이구나!", "64괘가 이런 것이구나!" 정도는 알아야겠지요. 가능한 한 다양한 괘를 소개하겠습니다.

상서로운 불덩이

64괘 중에는 좋은 징조를 말하는 괘도 있고, 나쁜 미래를 점치는 괘도 있습니다. 호(好)·불호(不好)를 따지기 애매한 괘도 있지만, 길운을 말하는 괘는 사실 그리 많지 않습니다. 주역이란 게 본래 전쟁과 같은 국가적 대사를 앞두고 하늘의 뜻을 묻는 과정에서 만들어졌습니다.

그러니 경계와 신중을 독려하는 메시지가 많을 수밖에 없지요.

그런데 '건·태·리·진·손·감·간·곤' 8개 중 리 괘가 들어간 괘 중에 대길을 점치는 것이 몇 있습니다. 64괘는 8괘의 상하 결합으로 만들어진다고 말했죠. 이때, 리 괘가 위로 올라가는 경우입니다.

아, 참 리(離)가 현상으로 나타나면 무엇이라 했지요? 바로 불[火]입니다. 불이 위로 올라갔습니다. 무엇일까요? 맞습니다. 바로 태양입니다. 태양은 과학을 들이대지 않더라도 생명의 근원이지요. 그래서 불이 위로 올라간 괘 중에는 좋은 소식을 전하는 괘가 있습니다.

그중 하나가 64괘 중 14번째 괘인 화천대유(火天大有, ䷍) 괘입니다. 이상건하(離上乾下), 즉 위로 불, 아래로 하늘. 광대한 하늘에 빛나는 태양이 떡 하니 위세를 뽐내고 있는 형국입니다. 한낮의 태양인 것이지요. 괘상을 한번 만들어볼까요? 불 화, 즉 리 괘는 '리허중'이니 가운데가 음의 막대입니다. 하늘의 본체인 건 괘는 '건삼련'이니 모두 양의 막대입니다. 그걸 위아래로 결합합니다.

䷍ 괘 이름은 大有(대유)이고, 괘사는 元亨(원형)

이제 괘의 이름만 주어지면, 괘상 정도는 뚝딱 만들어낼 수 있겠죠? 건삼련, 태상절, 리허중 등등(208쪽)을 외워야 한다고 지난 강의에서 말씀드렸습니다!

나중에 점치는 방법을 설명하겠지만, 만약 중요한 일을 앞두고 화천대유 괘를 얻었다면 큰 걱정 안 해도 됩니다. '대유'는 옛날 한자에서 대풍(大豊)의 의미였습니다. 큰 풍년이 든다는 말이지요. 크게 가진다는 뜻입니다. 괘의 기호 옆에 쓰인 '大有 元亨(대유 원형)'이 바로 괘 사인데요. '원형'은 '크게 형통한다'는 뜻입니다.

35번째 화지진(火地晉, ䷢) 괘도 형통한 괘입니다. 아침 해가 서서히 솟아오르는 형국이지요. 상상해보십시오. 화지진이니, 땅[地] 바로 위에 불[火]이 올라가 있습니다. 태양이 이제 막 자신의 모습을 드러냈습니다. 앞으로 화천대유를 향해 천천히 올라갈 일만 남았습니다. 후대의 해설도 괘의 이름인 '晉(진)'을 '進(진)'으로 풀라고 얘기합니다. '나아간다'는 뜻이지요.

그런데 그 상서로운 불덩이가 땅속에 묻히는 시기도 있습니다. 어려운 시기지요. 어둠입니다. 밤이고 암흑입니다. 36번째 괘 지화명이 (地火明夷, ䷣)는 난국을 예상합니다. '명이'는 밝음[明]이 상처받는다 [夷]는 뜻입니다. 그러나 불덩이가 사라지진 않았습니다. 잠재력을 갖는 시기지요. 그래서 지화명이 괘의 괘사는 '이간정(利艱貞)'이라 쓰고 있습니다. 고통스럽지만[艱] 마음을 곧게 가지면[貞], 이로울 것[利]이란 뜻입니다.

세상을 돌아다니는 바람처럼

이번엔 바람 얘기를 해볼까요? 8괘 중 바람은 다섯 번째인 손(巽) 괘입니다. '손하절'이니 아래가 끊겼습니다(☴). 바람이 들어간 괘 중에서 저는 20번째 풍지관(風地觀)을 가끔 음미하곤 합니다. 바람이 땅위를 천천히 유행(流行)하는 모습입니다. 바람은 그렇게 이 세상을 돌아다니면서 무엇을 하는 것일까요?

관(觀)이란 괘의 이름 그대로입니다. 바라보는 것입니다. 조용히 관망하며 사정을 살핀다는 의미입니다. 이번엔 효사를 한번 보며 얘기 해볼까요?

六三(육삼) 觀我生 進退(관아생 진퇴)

九五(구오) 觀我生 君子無咎(관아생 군자무구)

알고 보면 간단한 문장이니 긴장할 필요 없습니다. 육삼과 구오부터 거슬릴 텐데요. 효를 설명(211쪽)할 때 말한 부분입니다. '육(6)'은 음을, '구(9)'는 양을 뜻합니다. '육삼'은 아래로부터 세 번째의 음효, '구오'는 아래로부터 다섯 번째의 양효입니다. 괘상에서 확인해 보십시오.

효사에 '관아생(觀我生)'이란 표현이 두 번이나 들어갔습니다. '내 생애를 살펴본다'는 뜻입니다. 중요한 말이지요. 풍지관 괘는 바로 자기 성찰을 주문하는 괘입니다. 세 번째 효(육삼)는 그렇게 자신을 돌아본 연후에야 나아가든지 물러가든지[進退] 하라고 주문합니다. 다섯 번째 효(구오)는 자기 성찰에 대해 좀 더 깊은 의미를 부여합니다. 때때로 자신의 삶을 돌아보면서 살면, 그런 현명한 이[君子]에게 허물 같은 것이 있을 리 없다[無咎]는 것입니다.

여러분도 가끔 풍지관 괘를 떠올리며, 자기 성찰을 해도 좋을 것 같습니다. 세상 구석구석을 유유히 돌아다니는 바람처럼 꼼꼼히, 빠진 곳 없이 자신의 삶을 돌아보는 것입니다. 그런 삶에 허물이 있을 리 없겠지요.

멈추어라, 우뚝 선 산처럼

앞으로 나아갈 것을 주문하는 화지진 괘를 먼저 살펴봤지만, 사는 것은 전진만으로 이뤄지지 않습니다. 멈출 줄도 알아야 합니다. 계속 나아가기만 하면 제풀에 쓰러지고 맙니다. 조금만 더 열심히 하면, 조금만 더 벌면, 조금만 더 매달리면 목적지에 도달할 수 있는데…. 뭐 이런 욕심을 눈 딱 감고 접을 줄 알아야 오래갑니다.

주역은 산을 동원해 그런 멈춤에 대해 얘기합니다. 52번째 중산간 (重山艮, ䷳) 괘입니다. 산(山, ☶)을 위아래로 겹쳐[重] 놓았지요. 경거 망동을 삼가고, 묵묵히 자신의 자리를 지키고 있는 큰 산처럼 멈추라는 것입니다. 경솔하게 나아가면 낭패를 볼 것이라는 경고입니다. 간 (艮)이란 한자어 자체가 '멈추다', '머물다'란 뜻을 품고 있지요.

멈추고 삼가는 일의 중요성을 중산간 괘의 괘사는 대단히 극적인 방식으로 묘사하고 있습니다. 간기배(艮其背) 불획기신(不獲其身)이란 표현이 등장합니다. 해석이 첨예하게 엇갈리는 문구 중 하나인데, 저는 그중 소수 의견을 따릅니다. "적의 등이 보이는데, 그의 몸을 취하지는 않는다." 일반 해석은 아니지만, 그 속에 담긴 드라마가 좋기 때문이지요.

원수를 만났습니다. 그가 등을 보이고 있습니다. 나는 손에 칼을 쥐고 있습니다. 그 칼로 그를 한 번에 처치할 수 있습니다. 그러나 눈 질끈 감고 훗날을 기약합니다. 이유야 모르겠지만, 오랫동안의 분노와 의지를 툭, 내려놓고 마는 것입니다.

그런 자제력을 갖고 있다면, 삶의 판도는 크게 달라질 것입니다. 주역도 그런 언급을 하고 있습니다. "움직이고 그치는[動靜] 데 있어 때를 놓치지 않으면 그 도리가 빛나고 밝다"고 얘기합니다. 움직일 때는 움직이고, 멈출 때는 멈추어야 합니다. 쉽지 않은 일이죠.

4대 난괘

4대 난괘(難卦)로 불리는 괘가 있습니다. 3번째 수뢰준(水雷屯, ䷂), 29번째 중수감(重水坎, ䷜), 39번째 수산건(水山蹇, ䷦), 47번째 택수곤(澤水困, ䷮) 괘입니다. 모두 물[水]이 들어가는 게 특이하지요? 물은 생명의 원천이기도 하지만, 파괴적이기도 합니다. 존재(홍수)와 부재(가뭄) 모두가 위협입니다. 8괘를 말할 때 물의 본체라 설명했던 감(坎) 자체가 '험난하다'는 뜻을 가지기도 했습니다.

수뢰준, 자욱한 구름[水] 밑에 우레의 기운[雷]이 묻혀 있습니다. 무언가 큰일을 한번 해보고 싶지만, 내 맘대로 움직일 수가 없습니다. 답답하고 어렵기만 한[屯] 시절입니다.

중수감, 홍수[水]가 겹쳤습니다. 그야말로 물난리입니다. 험난하기[坎] 이를 데 없습니다.

수산건, 산(山) 위로 급류[水]가 흐릅니다. 제대로 걷기 어려운[蹇] 상황입니다.

마지막으로 택수곤입니다. 개인적으로 기억에 많이 남는 괘입니다. 괘의 이미지를 두고 오랫동안 난감했습니다. 위로 못[澤], 아래로 물[水]. 도대체 이게 어떤 이미지일까? 물이 말랐다는 얘기였습니다. 만약 연못 위로 물이 올라갔다면, 물이 찰랑찰랑 차 있는 좋은 그림이겠지요. 그런데 연못 바닥으로 물이 내려와 버린 겁니다. 극심한 가뭄인 겁니다. 괴롭기[困] 짝이 없겠지요. 물이 없으면 농사를 못 짓습니다.

목숨이 걸린 상황이지요.

저는 어려운 일을 당하면 택수곤 괘를 떠올리며 마음을 다잡습니다. 바닥을 드러낸 못을 바라보던 고대인의 비장한 심정을 생각해보는 것입니다. 주역의 해설 중 하나인 「대상전」은 이런 메시지를 전합니다.

澤無水困(택무수곤) **君子以致命遂志**(군자이치명수지)

풀이하면 저수지[澤]에 물이 바닥나[無水] 곤란한 상황[困]이다. 이런 상황에서 군자는 목숨을 바쳐 뜻을 지킨다[致命遂志]는 뜻입니다.

택수곤 괘를 넘어 4대 난괘 모두에 적용될 만한 처방이겠지요.

삶이 고달플 때, 저와 함께 택수곤 괘를 떠올려보면 어떨는지요?

27강

주역의
형성 과정

앞선 강의를 통해 64괘, 괘사, 효사에 대해 알아봤습니다. 그런데 우리가 흔히 주역이라고 부르는 체계에는 괘, 괘사, 효사 말고도 다른 해설이 여러 층위로 붙어 있습니다. 십익(十翼), 그러니까 '열 개의 날개'라는 아름다운 이름을 가진 해설입니다. 64괘라는 본체에 날개를 달아주려 했던 걸까요?

역경과 10개의 해설

64괘·괘사·효사까지를 묶어 대개 경(經)이라 하고, 이후의 해설을 전(傳)으로 구분합니다. 그런데 경(원본 텍스트)과 전(해설)을 포함하는 주역 전체는 어떤 순서로 만들어졌을까요? 일반적으로 이렇게 설명합니다.

전설의 삼황오제 중 하나인 복희씨(伏羲氏)가 8괘를 그렸다. 세월이 흐른 뒤 주문왕(周文王)이 64괘를 만들어 괘사를 붙이고, 주문왕의 아들인 주공(周公)이 384개(64×6)의 효사를 붙였다. 그리고 또 한참이 지난 후 공자(또는 공자의 후예들)가 10개의 해설, 즉 십익을 추가했다….

도식화하면 이런 순서가 되겠습니다.

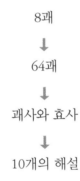

그런데 과연 이런 순서였을까요? 정말 전하는 대로일까요?
먼저 십익이 무엇인지 간단히 짚고 넘어가지요.

- 「단전彖傳」 상·하: 각각의 괘에 대한 종합 설명
- 「상전象傳」 상·하: 대상(大象)은 괘, 소상(小象)은 효에 연결
  대상은 이미지를 동원하여 상하 괘의 배치에 논리 부여
- 「계사전繫辭傳」 상·하: 64괘, 괘사, 효사 전체에 대한 철학적 해설

- 「문언전文言傳」: 건(乾)·곤(坤) 2괘에 대한 추가 설명
- 「설괘전說卦傳」: 8괘를 자연과 일상사에 연결
- 「서괘전序卦傳」: 64괘의 배열에 대해 논리 부여
- 「잡괘전雜卦傳」: 각 괘의 특성을 간략히 요약

이렇게 7종 10편인데, 이 해설은 64괘가 등장하고 한참이 지난 후대에 만들어졌을 것입니다. 기원을 전후한 진(秦)과 한(漢)의 초기에 만들어졌다는 게 정설입니다. 이렇게 되면 공자의 직접 저술은 아닌 게 되겠네요!

그러나 '경', 그러니까 주역의 본체에 해당하는 '64괘+괘사+효사' 묶음은 과연 지극히 추상적인 기호로부터 시작했을까요? 기호가 먼저 나오고, 점사가 나중에 나온 게 맞겠느냐는 말씀입니다.

무질서한 점의 기록

지금으로부터 3,000~4,000년 전 고대 중국을 한번 머릿속에 그려 보십시오. 기원전 1,000~2,000년 전이 되겠네요. 제대로 된 문서 기록이 남아 있는 춘추전국 시대 이전의 중국을 떠올려보자는 의미가 되겠습니다. 하(夏)·은(殷)·주(周)의 시대가 되겠지요.

그때 사람들도 신중하기는 우리와 마찬가지였을 겁니다. 어떤 면에선 더 진중했겠지요. 전쟁이나 천재지변이 있으면 왕을 중심으로 중지(衆智)를 모았습니다. 관련 정보도 최대한 취합했을 겁니다.

그러나 아무리 해도 해결책이 나오지 않는 경우가 있습니다. 예나 지금이나 아는 것보다 모르는 게 훨씬 많은 존재가 사람입니다. 그럼

어떻게 해야 합니까? 하늘의 뜻을 물어야 합니다. 그리고 그렇게 했습니다. 점(占)을 친 것이지요.

그때 점의 방식은 어떠했을까요? 현대인의 시각에서 보면 황당하겠지만, 거북 등이나 동물 뼈에 흠집을 낸 뒤 구워 그 문양을 살폈습니다. 주 왕조로 내려오면 시초(蓍草)라 불리는 풀을 여러 차례 솎아내는 방식으로 점괘를 얻어냈습니다. 그리고 그 점괘를 해석한 숱한 점사(占辭)들이 등장했겠지요. 예를 들면 이렇습니다.

문을 나와 사람을 모으면 허물은 없으리.
수레바퀴의 살이 엇나간다. 부부라도 반목할 것이다.
걸음을 내딛는 것은 장한 일이로되, 나아가 이기지 못하면 허물이 크다.
달이 보름에 가까웠다. 홀로 나아가도 무탈하리라.
늙은 버드나무에 꽃이 핀다. 오래가지는 못하리.

살아남은 450개의 예언

어떤가요? 희한한 예언이지요? 그러나 3,000~4,000년 전에 실제로 존재했고, 그 후로도 오랫동안 영향력을 행사한 점사입니다. 왜냐하면, 주역의 효사 중에서 제가 무작위로 뽑은 것이기 때문입니다. 수많은 점사가 있었을 겁니다. 그 점사가 나중에 카테고리별로 묶였을 텐데, 그때 살아남아 주역에 편입된 고대의 기록입니다.

그렇게 세월을 견뎌내면서 유용한 판단 근거로 분류되고, 최후까지 살아남은 점사는 몇 개 정도 될까요? 일단 384개로 계산할 수 있겠습니다. 주역 효의 개수가 384개(64괘×6효)이니까요. 세월의 우여곡절 속에서도 살아남은 점사만이 주역에 수록될 수 있었을 테니까요.

그런데, 384개뿐일까요? 정확히 말하면 그렇지 않습니다. 450개라고 해야 옳습니다. 64개의 괘사 역시 점사 중 하나기 때문입니다. 또 64괘의 처음 두 괘인 건 괘와 곤 괘에는 점사가 하나씩 더 붙어 있습니다(212쪽). 그래서 384+64+2=450입니다.

그런데 말하려는 게 이게 아닙니다. 중요한 것은 주역의 형성 과정입니다. 고전적인 주역의 이론서는 앞서 말한 것처럼 '64개의 기호 → 괘사·효사 → 해설'의 진행을 말하지만, 현실적으로는 그게 불가능하다는 얘기입니다. 그래서 제가 생각하는 주역의 형성 과정은 이렇습니다.

무질서한 점의 기록
↓
1차 분류(현실 적합성)
↓
음양, 64괘 착안
↓
2차 분류(괘사, 효사)
↓
10개의 해설

그런데 주역의 형성 과정을 이런 식으로 정리하면서 저는 가끔 숙연해질 때가 있습니다. 개인적인 소회 같은 것인데요. 이를 말씀드리면서 이번 강의를 맺겠습니다.

하찮은 것들의 소중함

주역은 지극히 무질서하고 잡다하고 단편적인 점사의 조각들에서 비롯했을 가능성이 큽니다. 그런데 그 무질서한 정보는 누가 돌보지 않았다면, 흩어지고, 그래서 어쩌면 영영 땅속에 묻히고 사라졌을 것입니다. 국가적 대사에 간여했던 메시지라고는 하지만, 그래 봐야 시대가 바뀌면서 주술적 암호 정도로 취급받기 십상이었을 겁니다.

그런데 일군의 지식인이 나타나 파편적이고 어떤 측면에서는 무의미할 수도 있는 정보에 거대한 의미를 부여했습니다. 잡다한 메시지를 2,000년 이상 살아남을 수 있는 사상 체계로 탈바꿈시킨 겁니다. 그 주체는 약간의 문헌이 불분명한 형태로 전하는 대로 공자 개인일 수도 있고, 아니면 공자의 학문적 후예일 수도 있고, 혼란의 시대에 홀연히 나타나 음양의 원리로 세상을 해석하고자 한 지식인 집단일 수도 있습니다.

그게 누구였든지 간에 저는 그들의 시도와 노력에 경의를 표합니다. 우리 주위에는 얼핏 하찮고 대단하지도 않아 보이는 존재가 널려 있습니다. 그것은 사람일 수도, 사물일 수도, 정보일 수도 있습니다. 깊은 관심과 애정으로 그런 것을 새로운 맥락에 배치하려는 노력이야말로 이 세상을 살찌우는 능력이라고 생각합니다. 강의 마치겠습니다!

덧붙여, 남은 강의에서 주역을 실질적으로 활용할 수 있는 방법을 간략히 소개할까 합니다. 활용 방식은 전통적으로 두 가지입니다. 하나가 점(占)이고, 하나가 마음공부입니다. 주역의 해석 방법을 두고 상수(象數)와 의리(義理)를 말하는데 상수는 점, 의리는 철학과 마음공부에 관련된다고 보면 됩니다.

어떤 쪽을 먼저 할까요? 아무래도 진지한 쪽이겠지요?
다음 강의로 넘어가겠습니다.

28강

하늘의 뜻을
묻다

이번 강의에서는 점을 설명하겠습니다. 마음공부보다 훨씬 더 진지한 게 점이지요! 저만의 생각인가요? 주역 강의를 시작하면서, 64괘를 64개의 카드에 비유한 적이 있습니다. 주역으로 점을 치는 것은 64개의 카드, 즉 괘 중에서 하나를 뽑아 그 괘사를 해석하는 일입니다. 물론 효사도 골라야 합니다. 그렇게 괘사·효사를 고르는 일을 주역에선 '서(筮)한다'고 말합니다. 용어에 대해선 나중에 설명하기로 하고, 제 경험부터 소개하겠습니다. 가볍게 시작합시다.

짐을 쌀까, 말까?

제가 대기업에 다닐 때 일입니다. 기업은 대개 회사 명의로 콘도나 호텔에 회원 가입을 하고, 원하는 직원들이 쓸 수 있도록 하지요. 그런데 문제가 있습니다. 평상시에는 숙소를 쉽게 예약할 수 있지만, 성수

기에는 그게 불가능합니다. 운이 좋아야 숙소를 예약할 수 있습니다.

저도 그런 상황을 맞이했습니다. 아이들 여름방학 시작에 맞춰 강원도 어디인가의 콘도를 예약 신청했습니다. 그런데 신청해놓고 보니, 직전 겨울방학 때 그리고 바로 그 전년도 여름방학 때도 신청했다가 두 번이나 물먹은 기억이 새삼 떠올랐습니다.

처음엔 회사의 담당 부서 직원에게 민원을 넣을까도 했습니다. 그러다 번거롭기도 하고, 떳떳한 일도 아닌 것 같아 관두고, 대신 주역 괘를 뽑았습니다. 주역으로 점을 칠 때, 그러니까 전문 용어로 서할 때는, 점을 통해 그 해답을 얻고 싶은 질문을 진지하고 성실하게 머릿속에 그리는 게 중요합니다. 저도 물론 그렇게 했습니다.

'짐을 싸야 할까, 말아야 할까?'

콘도가 당첨되면 짐을 쌉니다. 당첨되지 않으면 짐 싸는 일보다 다른 숙소를 정하는 일이 중요하겠지요. 그리고 제 나름의 방식으로 괘와 효를 뽑았습니다. 어떤 방식이었는지는 이따 설명하겠습니다. 여기선 뽑은 괘와 효부터 살펴보겠습니다.

뽑아 보니 위로 불이요, 아래로 산이 나왔습니다. 그리고 두 번째 효에서 동(動)한다는 답변을 받았습니다. '동'한다는 의미는 특정 괘의 6개 효사 중 하나가 꿈틀거린다는 것입니다. 좀 더 깊게 설명하자면 '노양(老陽)'과 '노음(老陰)'을 설명해야 하는데, 이건 그냥 넘어가겠습니다. 번거로울 뿐 알아도 큰 이로움이 없습니다. 지금 중요한 건 '제가 짐을 싸야 하느냐, 말아야 하느냐?'입니다.

제가 받은 괘 얘기를 이어가겠습니다. 위로 불, 아래로 산…. 저는 괘를 머릿속에서 그려보다 슬쩍 웃었습니다. 불과 산이라면…. 바로

56번째 화산려(火山旅, ䷷)의 괘가 됩니다. 한자 '旅(려)' 알지요? 여행 또는 나그네를 뜻합니다.

하지만 괘가 여행을 뜻한다고 방심할 수 없습니다. 6개의 효 중에는 예컨대 여행을 삼가야 길하다는 내용이 있을 수 있거든요. 그래서 효사를 함께 살펴봤습니다.

旅(여)　　　　小亨　旅貞吉(소형 여정길)
六二(육이)　　旅卽次　懷其資　得童僕貞(여즉차 회기자 득동복정)

괄호 안의 '육이'는 아래로부터 두 번째 음효(--)를 뜻합니다. '구(九)'가 양, '육(六)'이 음이란 설명을 한 적이 있습니다. 괘사의 뜻부터 살펴볼까요?

나그네의 상[旅]이다. 일이 조금씩 풀린다[小亨].
나그네가 곧으니[旅貞] 좋은 일이 생긴다[吉].

다음 효사입니다. 여즉차(旅卽次)에서부터 난감합니다. '次(차)'란 한자를 어떻게 해석해야 할지 알 수 없습니다. '둘째', '다음'이란 뜻 아니었던가요? 옥편을 한번 찾아보십시오. '거처', '여관'이란 뜻이 등장합니다. 효사는 이렇게 해석됩니다.

나그네가 숙소에 든다[旅卽次]. 자금을 가슴에 품게 된다[懷其資].
곧고 바른 하인을 얻는다[得童僕貞].

자, 제가 효사를 보고 얼마나 통쾌했는지 안 봐도 아시겠지요? 짐을 싸야 하나, 말아야 하나? 물었는데, 주역은 "나그네가 숙소에 든다"라는 답변을 내놓았습니다. 회사 콘도가 실제로 당첨됐는지, 안 됐는지는 굳이 첨언하지 않겠습니다.

이제, 괘를 어떤 식으로 뽑는지 간단히 설명할 텐데, 사실 괘를 아무 때나 뽑는 것은 아닙니다. 고대인에게 '서한다'는 행위는 대단히 중차대한 일이었습니다. 국가의 운명, 왕의 운명, 제후의 운명이 걸린 문제를 두고 점을 쳤습니다.

요즘에도 주역에 능통한 분이 의뢰를 받아 서하는 경우가 있는데, 그것도 대부분 정치인의 운명과 관계될 때가 많습니다. 선거의 결과, 전당대회의 향방 등이 궁금해 주역 전문가를 은밀하게 찾는 경우가 있습니다. 하지만 정치인의 당락에 비해, 우리 가족의 여행이 덜 중요한 사안이라고 생각하지는 않습니다.

각설하고, 주역 괘 뽑는 법에 대해 설명하겠습니다.

점치는 법

괘를 뽑는다는 것은, 6개의 효를 뽑는다는 것입니다. 아래 초효부터, 위 상효까지 구분해 차례로 뽑아나갑니다. 음효·양효를 구분해 아래로부터 차곡차곡 쌓아 올리는 것이지요.

어떻게 효를 뽑는지 고전적인 방법을 소개하겠습니다. 소개는 합니다마는 많이 복잡합니다. 재료도 필요합니다. 원래는 시초라는 풀을 썼지만, 이미 수백 년 전부터 대나무를 씁니다. 서죽(筮竹)이라 부릅니다.

① 서죽 50개를 준비한다. 마음을 정갈히 한 후, 그중 하나를 빼놓는다.

② 남은 서죽 49개를 왼손과 오른손에 나누어 쥔다. 왼손에 쥔 서죽은 천책(天策)이라 하는데 이 천책은 왼손에 그대로 들고 있고, 오른손에 쥔 지책(地策)은 아래 내려놓는다.

③ 내려놓은 지책에서 서죽 하나를 뽑아 천책을 든 왼손의 새끼손가락과 넷째 손가락 사이에 끼운다. 사람을 의미하는 인책(人策)이 된다.

④ 천책에서 4개씩을 덜어내 지책과 섞이지 않게 적당한 곳에 내려놓는다. 이때 왼손에는 1~4개의 서죽이 남는다. 남은 서죽을 왼손 가운뎃손가락과 넷째 손가락 사이에 끼운다.

3분의 1 지점까지 온 것 같은데, 계속 할까요? 정확히 말하자면 3분의 1도 아닙니다. 효 하나를 뽑고 나면, 이런 작업을 다섯 번 더 되풀이해야 하니까요. 그만하겠습니다. 시중의 어떤 주역 책을 봐도 똑같은 매뉴얼을 볼 수 있을 겁니다.

꼭 주역 점을 쳐보고 싶다면 서죽 대신 동전을 이용하십시오.

① 100원짜리 동전 3개를 준비한다. 세종대왕(○)을 양(陽), 100(●)이 음(陰)으로 정한다.

② 3개의 동전을 동시에 던진다. 이때 3개가 모두 그림이면(○○○) 양의 동효(動爻), 3개가 다 숫자이면(●●●) 음의 동효다. 하나만 그림이면(●○●) 동(動)하지 않는 양효, 하나만 숫자고 나머지 둘

이 그림이면(○●○) 동하지 않는 음효가 된다. 이렇게 뽑아낸 효가 제일 아래, 초효다.

③ 이 과정을 6회 되풀이해서 6개의 효를 얻는다.

무작위와 천명 사이

100원짜리 동전을 이용한다고 얕잡아보지 마십시오. 중요한 것은 자신에게 주어진 선택의 상황에 맞서 최선을 다했는가, 그리고 그 최선의 연후 점을 치기 전에 마음을 정갈히 했는가 하는 것입니다. 그 이후라면 서죽을 수십 차례 분류하든, 동전 3개를 여섯 번 던지든 음양의 효 6개를 얻는 것에는 본질적 차이가 없습니다. 그렇게 얻어낸 음양의 효 6개를 아래로부터 쌓아 올리면 그것이 괘입니다.

'본질'적 차이는 없다고 방금 말했습니다. 그 본질이 무엇인지 생각해봐야겠네요. 여러분도 스스로 한번 생각해보십시오. 복잡한 서죽의 분류와 상대적으로 간단한 동전 던지기에 공통 요소는 무엇일까요?

그것은 자신의 의지를 배제한다는 겁니다. 특정 상황에 대한 판단과 향후 추이를 묻는데, 정작 그 상황의 주인공인 '나'를 그 과정에서 전적으로 배제한다는 것이 서죽 점과 동전 점의 본질입니다. 모든 판단을 자신 아닌 하늘의 뜻에 맡기는 겁니다. 진인사대천명(盡人事待天命)이라 하지요. 최선을 다했으나 어찌해야 할지 모르겠으니 천명에 따르겠다는 것입니다.

그러나 그 과정을 현대적인 시각에서 한마디로 압축한다면 무작위가 됩니다. 영어로 얘기하면 랜덤이지요. 서죽과 동전이란 재료, 반복되는 분류와 공중 투척이라는 방법을 썼지만, 그것은 장치에 불과합니다. 무작위로 6개의 음양 기호를 확보하는 작업일 뿐입니다.

주역의 괘를 뽑는 행위는 과연 하늘의 뜻을 묻는 것일까요? 무작위에 향후 상황을 맡기는 것일까요? 그것이 어떤 영역에 속하느냐는 합리적인 추론이 아니라, 여러분의 '믿음'에 기댄다고 봐야 할 겁니다. 사족이 될지 모르지만 제 사견을 말씀드리겠습니다.

어려운 상황이 있을 때 크리스천은 기도하고, 불자는 발원합니다. 저는 그 기도와 발원도 이른바 '오컴의 면도날'[29]로 예리하게 재단할 경우, '랜덤'한 변수에 자신을 내맡기는 행위가 된다고 생각합니다. 괘사에 대한 의탁이든, 신앙에 대한 의지이든 그 어느 쪽도 논리적 설득의 영역은 아닐 것입니다. 무작위와 천명 사이의 선택은 여러분에게 맡기겠습니다.

사족

그보다 동전 투척을 통한 주역 괘 뽑기를 시연하면서 점에 대한 논의를 마칠까 합니다. 방법만 달랑 말하고 나니까, 헷갈릴까 봐 걱정이 되네요.

제 경험으로 대신하겠습니다. 언젠가 동전을 던져 이런 결과를 얻은 적이 있습니다.

○ ● ○ (음) → ● ● ● (동하는 음) → ● ○ ● (양)

→ ● ○ ● (양) → ○ ● ○ (음) → ● ○ ● (양)

---

29 오컴(Occam)은 중세의 철학자다. 오컴의 면도날은 중세 유럽의 교리 논쟁 와중에 나온 용어다. 여러 가설이 대립할 경우 가장 간단하고 단순한 것이 진실일 가능성이 높다는 주장이다. '사고 절약의 원리' 또는 '단순화의 원리'로도 불린다.

음양을 아래로부터 쌓아나가면 괘가 나옵니다. 위로 불(☲) 아래로 산(☶)인, 화산려 괘(䷷)가 됩니다. 아래서 두 번째 음, 즉 '육이'는 그 냥 음이 아니라, 변하는 음입니다. 화산려 괘의 두 번째 효가 꿈틀거 린다는 얘기입니다.

제가 대기업 다니던 시절, 콘도의 당첨 여부를 물었다가 얻은 바로 그 화산려 괘입니다. 앞에서 어떻게 괘를 얻었는지 나중에 설명하겠 다고 했지요? 바로 동전 3개를 던져 얻었습니다.

아 참, 그리고 화산려 괘를 얻은 후 회사로부터 연락이 왔습니다. 숙소 배정이 안 됐으니 다음에 또 이용해달라고….

29강

마음공부

점은 틀릴 수도 있습니다. 현대과학의 예측도 숱한 시행착오를 거쳤고, 지금도 계속 시행착오 중입니다. 굳이 제시하진 않았지만, 점치는 이가 미처 생각하지 못하는 혜안을 선사하기도 합니다. 저에게도 그런 경우가 여러 번 있었습니다.

그러나 그보다 중요한 게 있습니다. 예측의 옳고 그름을 뛰어넘는 그 무엇이 주역에 있다는 말씀입니다. 주역은 경(經)과 전(傳)의 다양한 메시지를 통해, 미래의 어떤 상황이든 대비할 수 있게 해줍니다. 선불교의 화두처럼, 마음공부의 단초가 될 만한 메시지를 주역은 잔뜩 품고 있습니다. 그중 자주 회자되는 것으로 몇 개를 뽑아봅니다.

항룡유회

아마도 주역의 384개 효사 중에 시대를 타지 않는 최고의 경구로 자리매김한 화두가 항룡유회(亢龍有悔) 아닌가 싶습니다. '亢(항)'이란 한자에는 '높이 오르다', '지나치다'란 뜻이 있습니다. 그러니까 항룡유회는 "높이 오른 용이 후회를 하게 된다"는 뜻입니다.

그러나 이 정도 해석으로는 항룡유회의 본질을 맛보지 못합니다. 맥락을 들여다볼 필요가 있습니다.

주역에서 가장 중요한 괘는 첫 번째와 두 번째인 건 괘와 곤 괘입니다. 건은 모두 양으로, 곤은 모두 음으로 이뤄져 있습니다. 두 괘는 순서로도 주역 64괘의 으뜸이지만, 그 의미로도 으뜸입니다. 다른 64괘는 모두 건과 곤의 변용이라 할 수도 있습니다. 시간에 따라 음으로 양으로 계속 변하다가 끝내는 다시 건과 곤의 형태를 갖추게 되는 것이지요.

그런데 그중 건 괘의 효사는 용 한 마리를 등장시켜 장엄한 드라마 한 편을 보여줍니다. 준비와 웅비와 좌절, 그 인생이 과정을 순차적으로 파노라마처럼 제시하고 있는 것입니다. 6개의 효사를 군더더기 제외하고 줄여 써보겠습니다.

潛龍勿用(잠룡물용) 물에 잠긴 용은 쓰지 않는다.
見龍在田(현룡재전) 용이 잠시 물에 몸을 드러낸다.
終日乾乾(종일건건) 하루 종일 씩씩 하다.
或躍在淵(혹약재연) 작은 물에서 뛰어논다.
飛龍在天(비룡재천) 날아오른 용이 하늘에 있다.
亢龍有悔(항룡유회) 너무 높이 오른 용이 후회한다.

다른 설명이 필요 없을 것으로 생각합니다. 용의 일생인 동시에, 사람의 일생입니다. 건 괘의 6단계 그대로가 인생사의 곡절(曲折)에 해당합니다. 누구나 잠룡물용의 시기를 지나지요. 구석진 다락방에서 저마다의 예쁜 희망을 품고 있는 단계입니다. 열심히 노력한 사람들은 그만한 보상을 받습니다. 하늘 높이 날아오르지요. 그러나 그들 중 많은 이들이 초심을 잃고 맙니다. 교만하다 땅을 치고 후회하는 것이지요.

오늘 신문, 특히 정치면의 아무 데나 한번 펼쳐보십시오. 수많은 잠룡과 비룡과 항룡이 한데 뒤섞여 숨 가쁘지 않습니까? 드라마적 요소는 다소 떨어질지 모르나, 우리 삶의 현장도 많이 다르지 않습니다. 건 괘 하나만 열심히 읊조려도, 삶과 마음을 다스리는 데 무리가 없을 것 같습니다. 크게 어긋날 일이 없지요.

서리를 밟으면 곧 얼음이

건 괘를 얘기했으니, 곤 괘를 잠깐 살펴보겠습니다. 건 괘가 강건함을 뜻한다면, 곤 괘는 부드러움입니다. 그러나 물에 물 탄 듯, 술에 술 탄 듯, 그런 부드러움은 아닙니다. "부드러움이 능히 강함을 제압한다." 이런 말들 하지요. 그럴 때 부드러움이 바로 곤입니다. 곤은 땅을 뜻하지요. 대지의 포용력도 함께 상징합니다.

곤 괘에는 건 괘에서와 같은 드라마는 없습니다. 용이 등장하긴 하되 잠깐이지요. 괘사에 암말[牝馬]이 등장하는 것도 이채롭습니다. 그러나 용이나 암말에 대한 얘기는 요즘 시각에서 설명하기 번잡합니다. 부드러움과 대지의 덕(德)을 언급하는 정도로 넘어가겠습니다.

그러나 저는 곤 괘를 볼 때마다 첫 번째 음효에 관한 해설은 빼놓지 않고 몇 번이고 음미합니다. 이렇게 쓰여 있습니다.

履霜堅冰至(이상견빙지)

서리를 밟으면 곧 단단한 얼음에 이르게 된다는 뜻이지요. 주역은 계속되는 변화를 말하는 책입니다. 그렇게 끊임없이 변하는 상황에 대비하기 위해서는 기미를 잘 알아채야 합니다. 우리말로 하자면 '낌새'가 되겠지요.

우리는 뻔히 서리를 목도하면서 겨울을 준비하지 않는 경우가 많습니다. 비록 작은 것이지만, 그 작은 것에 주목하는 것만으로도 나에게 닥쳐올 상황이 어떤 모습일지 짐작할 수 있는데도 말입니다.

주역이 설파하는 변화를 믿는다면, 언제나 기미를 중시해야 합니다. 혹한을 암시하는 서리의 존재를 간과하지 말면서 살아야 합니다.

빡빡한 먹구름 뒤엔 시원한 비가

밀운불우(密雲不雨)란 말을 들어보았는지요? 정국이 갑갑할 때 가끔 언론에도 등장하는 말입니다. 먹구름이 빡빡[密雲]하나, 정작 비는 오지 않는[不雨] 형국을 이릅니다. 참 답답한 일이지요.

주역이 원전입니다. 64괘 중 아홉 번째 풍천소축(風天小畜)의 괘사에 등장하는 말입니다. 성질이 강퍅하고, 고집이 세면 일상이 갑갑해질 때가 많습니다. 저 역시 그렇습니다. 그렇게 상황이 갑갑할 때마다 저는 밀운불우란 말을 떠올립니다.

먹구름은 어느 순간 '꽝!' 하는 벼락과 함께 시원한 비를 터뜨리고 맙니다. 우리는 경험적으로 밀운불우의 상황이 언젠가는 해소된다는 것을 알고 있습니다. 하늘을 뒤덮은 어두운 먹구름은 사실, 천지를 시원하게 적셔줄 비를 예고하는 셈이지요. 여러분도 밀운불우의 화두를 품고, 저와 함께 어려운 시절을 이겨냈으면 합니다.

때론 호랑이 꼬리를 밟아라

살아가면서 담대함을 품기가 쉽지 않습니다. 좀 거창하지만, 우리 대부분은 역사적으로 자본주의 사회의 소시민에 불과하니까요.

살면서 출구가 보이지 않을 때가 많습니다. 그럴 때일수록 담대함이 필요합니다. 자본주의 사회가 촘촘하고 꽉 짜인, 불변의 그물망으로 느껴질 때가 많지만, 그래도 뚫고 나갈 여지는 있습니다. 그럴 때 자신감 자체가 능력이 됩니다. 담대함이 무기입니다.

담대함이 필요할 때, 주역의 열 번째 괘 천택리(天澤履)를 음미할 만합니다. '리'는 밟는다는 뜻입니다. 무엇을 밟는다는 얘기일까요? 호랑이 꼬리를 밟는다는 뜻입니다. 네 번째 양효가 이런 뜻을 전합니다.

履虎尾 愬愬終吉(이호미 색색종길)

과감히 호랑이 꼬리[虎尾]를 밟습니다[履]. 상황 끝인가요? 그렇지 않습니다. 신중하고 또 신중하면[愬愬] 궁극에는[終] 좋은 결과[吉]를 기대할 수 있습니다. '愬'이란 한자는 '소'로도 읽고 '색'으로도 읽는데, 두려워한다는 뜻도 있고 거슬러 맞선다는 뜻도 있습니다. 두려움과 담대함, 동전의 양면입니다.

꼭 성사시켜야 할 일이 있다면, 눈 질끈 감고 호랑이 꼬리를 밟으십시오. 두려움은 두려움대로 간직한 상태로 말입니다.

여우가 강을 건넜는데 그만…

여러분과 꼭 나누고 싶은 마지막 주역의 문장은 좀 희한합니다. 생소함을 덜어드리고 싶어 우리말 풀이를 먼저 들려드리겠습니다.

어린 여우가 강을 건넜는데, 그만 꼬리를 적시고 말았다.

원문은 '소호흘제(小狐汔濟) 유기미(濡其尾)'입니다. 주역의 64번째, 그러니까 마지막 괘인 화수미제의 괘사 중 일부입니다.

어린 여우 한 마리가 먼 길을 돌아 목적지에 왔습니다. 이제 강만 건너면 됩니다. 마음을 다잡고 강을 뛰어넘는데, 다 건너갔다 싶은데 그만 꼬리를 물에 적시고 맙니다. 그 작은 여우는 소리 없이 물에 젖은 꼬리를 흠칫 쳐다봅니다.

'미제'는 미완성을 뜻합니다. 주역의 편집자는 참 희한한 마인드를 가지고 있습니다. 주나라 문왕이었을까요? 아니었을까요? 여하튼 예사롭지 않은 마인드의 소유자입니다. 마지막 64번째 괘를 미완성으로 배치하다니요! 강을 깔끔하게 건너는 데 실패하고만 어린 여우는 이 세상 모든 미완성의 상징입니다.

저는 이 괘사를 볼 때마다 마음이 푸근해집니다. 이 세상에 완성은 없다는 얘기니까요. 또 이런 생각도 듭니다. 완성은 끝입니다. 더 이상의 순환은 이뤄지지 않습니다. 비극일 수도 있습니다. 64번째 미완성의 괘 덕분에, 주역의 괘는 돌고 또 돌 수 있습니다.

인간에게 있어 미덕은 완성이 아니라, 미완성입니다. 미완성을 끌어안는 삶이야말로 진정으로 완성된 삶이라고 주역은 역설합니다.

30강

강호인문학을
모독하지 마라

마지막 강의입니다. 회자정리(會者定離)라 하지요. 불교 경전인『법화경』에 등장하는 말입니다. 만나면 또 헤어지기 마련이지요. 하지만『법화경』에는 거자필반(去者必返)이란 말도 함께 등장합니다. 떠났던 사람은 반드시 돌아옵니다. 다시 만날 날을 기약하며 강호인문학 강의를 마무리하겠습니다.

해가 가면 달이 온다

강의 초반에 강호인문학은 대단히 연역적 체계라고 말했습니다. 사주는 오행으로부터, 주역은 음양으로부터, 풍수는 기로부터 시작됩니다. 동양학의 이론이 아무리 복잡하다 해도, 그 연원을 따지면 오행과 음양과 기로 귀결될 수밖에 없습니다. 기억나지요?

그리고 한 가지 더 강조한 얘기가 있습니다. 오행과 음양과 기를 무리하게 하나로 통합시킬 생각은 하지 말라는 것이었습니다.

세 가지의 기본 원리는 역사적으로 다른 시기에, 다른 이들에 의해 발견되고 창안됐습니다. 후대에 그것을 일원화해, 요즘 식으로 말하면 '최종 이론' 같은 것을 만들려고 했지만, 제가 보기에 그런 이론은 어색하기 짝이 없습니다. 통합이 능사는 아닙니다. 그리고 지금까지 강의를 통해 파악하셨겠지만, 굳이 세 가지 원리를 묶지 않아도 사주·주역·풍수의 체계를 얼마든지 설명할 수 있습니다.

그런데 이제는 좀 다른 얘기를 해야겠습니다. 오행과 음양과 기라는 강호인문학의 3대 원리가 사실은 하나란 얘기를 할까 합니다. 방금까지 통합해서 생각하지 마라, 서로 관계없는 독자적 원리로 이해하라, 말하더니 갑자기 말을 뒤집고 말았네요.

강을 건넜으면 뗏목을 버리라고들 하지요. 때로 사고의 프레임 자체를 바꿔야 하는 국면이 있습니다. 오행과 음양과 기는 각각 무슨 얘기를 하든, 모두 우리가 속해 있는 자연의 순환을 반영하고 있다는 말씀을 드리려는 겁니다. 서로 다른 프레임으로 얘기하지만, 알고 보면 자연의 유장하고 끝없는 흐름을 어떻게든 비추려고 할 뿐이란 얘기입니다. 우리를 둘러싼 가장 원초적인 상황에 대한 해설의 시도가 오행도 낳고, 음양도 낳고, 기도 낳았습니다. 그리고 그 상황은 궁극적으로 이렇습니다.

해가 가면 달이 오고 달이 가면 해가 온다. 해와 달이 서로 밀치는 가운데 밝음이 있다. 찬 것이 가면 더운 것이 오고 더운 것이 가면 찬 것이 온다. 차고 더운 것이 서로 밀치며 세월을 이룬다.

주역 「계사전繫辭傳」[30]에 등장하는 이야기입니다. 저는 오행이니, 음양이니, 기니 하는 것들, 나아가 사주니 주역이니 풍수니 하는 것들, 이 모두가 일제히 단순하지만 끊임없는 하루하루의 '순환'을 가리키고 있다고 생각합니다. 온갖 현란한 이론이 넘쳐나지만, 거두절미하면 해와 달, 추위와 더위의 순환일 뿐입니다. 만약 강호인문학에도 '최종이론' 같은 것이 있다면, 아마도 주역 「계사전」의 저 문장이 될 것이라고 생각합니다.

헛걱정 없는 삶

헤어지는 마당에 이야기가 너무 빡빡해진 것 같습니다. 제가 좋아하는 선시(禪詩) 하나 소개하겠습니다. 강호인문학으로 다루지 않았지만 선(禪) 역시, 아시다시피 지극히 동양적인 분야입니다. 시작도 방향도 다르지만, 사유의 스타일에 상당한 공통점이 있습니다. 그리고 그런 스타일은 화두(話頭)와 게송(偈頌)을 통해 드러나지요.

『무문관無門關』이란 선어록에 등장하는 게송입니다.

봄엔 꽃 피고, 가을엔 달 뜨네
여름엔 서늘한 바람, 겨울엔 조용한 눈,
이러쿵저러쿵 헛걱정하지 않으면
그 인생 오래도록 좋은 계절인 것을…[31]

---

30 주역의 십익(十翼), 즉 10개의 해설 중 하나로, 언뜻 무질서해 보이는 주역 원전을 체계적이고 철학적으로 서술한 책이다.

31 『무문관』을 엮은 남송(南宋)의 선승 혜개 선사가 「19칙」(19번째 공안)에 붙인 게송이다. 『무문관』 「19칙」은 '평상심'에 관한 남전 선사와 조주 선사 사이의 문답을 담고 있다.

왠지 해와 달, 추위와 더위를 얘기하던 주역 「계사전」의 문장과 비슷하지 않은가요? 한번 소리 내어 읊어보세요. 어떤 느낌이 드나요? 마음이 한가해지지 않나요? 강호인문학이 제시하는 순환의 원리를 따라가고, 그것을 제대로 음미하면 삶이 한가해지는 것을 느낄 겁니다.

사주·주역·풍수는 오랫동안 발전시켜온 담론을 통해 수많은 이들의 삶에 대해, 직접 혹은 상징적으로 얘기합니다. 그 삶은 언제나 안타깝고 때론 아슬아슬하기도 하지만, 그래도 쉬지 않고 하루하루를 숨 가쁘게 이어갑니다. 그러다가 문득 숨겨둔 아스라한 풍경을 드러내는 것이지요. 꽃 피고, 달 뜨고, 시원한 바람 불고, 흰 눈 내리는 그런 풍경을….

살면서 걱정이 없을 수 있겠습니까? 그러나 우리의 삶을 강호인문학이 기반하는 자연의 유장한 흐름과 순환의 맥락에 가끔 맡기려는 노력을 해보십시오. 적어도 헛걱정은 사라질 겁니다.

구름을 두른 산의 정상에 올랐을 때, 또 안개 가득한 바다의 풍경 앞에 섰을 때 느끼는 감정이 있습니다. 아무렇지 않은 듯 숭고하고 장엄한, 그런 감정이 마음속에 만들어질 것입니다.

모독하지 마라

시간이 꽤 흘렀습니다. 짧지 않은 여러분과의 만남을 정리하면서 이 강의록은 어떤 운명일까 문득 궁금해졌습니다. 동양학에 대한 이론과 해설이 난무하는 출판 시장에서 과연 살아남을 수 있을까요? (책이 많이 팔릴까 하는 고민과는 좀 다릅니다.) 우리 사회 어떤 분야에서든 확고한 서구적 편향 앞에서 조금이라도 제 자리를 확보할 수 있을지

몹시 궁금합니다.

제가 할 수 있는 일이 달리 뭐가 있겠습니까? 서(筮)를 했습니다. 잊지 않았지요? 주역의 괘를 뽑았다는 말씀입니다. 마음을 정갈히 하고, 강의록의 운명을 물었습니다. 의외의 답변이 돌아왔습니다. 64괘 중 네 번째 산수몽(山水蒙) 괘였습니다. 괘사를 들추니 이런 내용이었습니다.

初筮告 再三瀆 瀆則不告(초서고 재삼독 독즉불고)
처음 점칠 때는 알려준다.
2번, 3번 치면 모독(冒瀆)이다.
모독하면 알려주지 않는다.

처음엔 이게 무슨 소리인가 했습니다. 점을 모독하지 말라니….

그러다 저는 고개를 끄덕였습니다. 저에게 전해진 메시지가 어떤 것인지 알 만했기 때문입니다. 여러분 생각은 어떻습니까? 서를 한 것은 저이지만, 그래도 강의를 끝내는 마당이니 함께 고민해주리라 믿습니다.

점을 모독하지 마라….

점을 모독하지 마라….

저는 곰곰이 생각한 끝에 저에게 떨어진 산수몽 괘를 "강호인문학을 모독하지 마라!"라는 메시지로 받아들이기로 했습니다. 말하자면 이 강의록의 역할 같은 것에 대해 말해주려고 했던 게 아닐까요? 강호인문학이 아니었으면 나오지 못했을 강의록이니, 당연히 강호인문학의 위상을 올리는 게 이 강의록의 역할이겠지요.

그러나 유감스럽게도 강호인문학의 위상은 그리 높지 않지요. 기껏해야 길거리의 삼류 철학 정도로 취급하지요. 산수몽 괘는 그래서 나왔을 겁니다. 강호인문학을 업신여기는 세태에 대한 경고라 할까요?

여러분도 강호인문학을 지난 시대의 미신과 잡술로만 몰아붙이려는 사람을 만나면 꼭 말씀 전해주십시오. 강호인문학에 담긴 삶의 지혜에 대해 알아보는 노력 정도는 해본 연후에 폄하하는 게 서구적으로도 합리적인 일이 아니냐고 말입니다.

더 읽으면
좋을 책들

사주·주역·풍수에 관한 책은 너무 어렵습니다. 고루한 한자어와 연유를 알 수 없는 테크닉으로 가득합니다. 아직도 세로쓰기를 고집하는 책이 있을 정도니까요. 그런 것들이 제가 『강호인문학』을 쓴 이유이기도 합니다. 후미진 곳에 숨어 있던 동양의 인문학적 비급을 끌어내 쉬운 말로 설명하고자 했습니다.

그러나 30강에 모든 얘기를 담기에는 무리가 있었습니다. 그래서 〈부록〉을 따로 만들어, 강호인문학에 관심 있는 분을 위해 읽어볼 만한 책을 몇 권 소개해볼까 합니다. 시중에서 입문서로 통하지만, 그 내용이 지나치게 고답적이고 설명이 비합리적이라고 판단되는 책은 과감하게 제외했습니다. 진리는 원래 쉽고 간결합니다.

음양·오행

음양·오행과 관련해서는 『고대 중국인의 생사관』(마이클 로이, 지식산업사)이 도움이 됩니다. 기원을 전후로 한 중국인들의 사고방식을 폭넓게 다루고 있습니다. 삶과 죽음, 우주, 자연에 관한 원형적인 사고가 탄생하는 과정을 엿볼 수 있습니다. 고대인은 불확실한 세상 속에서 너무나 두려웠습니다. 그들이 음양과 오행의 사유 체계로 두려움을 완화해가던 과정을 보여줍니다. 주역에 관한 기초 해설도 실려 있습니다.

좀 더 실용적인 공부를 원한다면 『알기 쉬운 역의 원리』(강진원, 정신세계사) 정도를 읽어볼 만하겠습니다. 음양과 오행, 사주, 주역에 관한 정보를 간결하게 정리했습니다. 몇 가지 간단한 사주 기법으로 자신의 운명을 손쉽게 풀어볼 수 있는 팁도 정리되어 있습니다.

『우주 변화의 원리』(한동석, 대원출판)는 사주명리학을 공부하는 이들에게 비급처럼 통하는 오래된 책입니다. '비급'이다 보니 쉽지는 않습니다.

사주

사주와 관련해서는 『비전 사주정설』(백영관, 명문당)을 언급하지 않을 수 없습니다. 앞서 언급한 추천 제외 사유에 해당하는 '세로쓰기'와 '한자투성이'의 책입니다. 그런데도 이 책을 소개하는 이유는 입문서로서의 영향력 때문입니다. 1983년에 출판됐으니, 나온 지 30년을 훌쩍 넘긴 책입니다. 사법시험 출신의 법조인(백영관은 가명)이 법 규정처럼 꼼꼼하게 정리해놓은 사주 입문서입니다. 오랫동안 꾸준히 읽히는 만큼, 많은 장점을 가진 책이지만 사례도 논리도 다소 낡아 보이는 것은 어쩔 수 없습니다.

현대적인 언어와 사례, 깔끔한 편집으로 일반인까지 쉽게 읽을 수 있는 책으로는 『김동완의 사주명리학 강의』(동학사) 시리즈를 꼽습니다. 『알기 쉬운 음양오행』, 『알기 쉬운 용신분석』 등 낭월 스님의 사주명리 책도 구어체로 쉽게 쓰여 있어 많이 읽히고 있습니다.

풍수

풍수에 관해 알고자 하면서 최창조 선생의 책을 피해갈 도리가 없습니다. 서울대 지리학과 교수 출신입니다. 『최창조의 새로운 풍수이론』(민음사), 『한국의 자생풍수』(민음사) 등 저작이 여럿입니다. 풍수의 양대 고전을 한 권에 묶은 『청오경 금낭경』(민음사)도 최창조 선생 번역으로 나와 있습니다. 책들이 친절하지는 않습니다. 조금 어려운 저자의 철학적 풍수관이 책마다 상당한 분량으로 녹아 있습니다.

『땅의 마음』(윤홍기, 사이언스북스)은 풍수의 본질을 현대의 문화지리학 맥락에서 살펴본 역저입니다. 서양의 환경 결정론과 풍수 사상의 비교 등을 통해 전통적 연구만으로는 알 수 없는 풍수의 특성을 여실히 드러내 줍니다.

이중환의 『택리지』는 풍수의 관점에서도 꼭 읽어봐야 할 책입니다. 개인적으로는 허경진 교수의 번역본 『택리지』(서해문집)를 추천합니다. 풍수에 관심이 있다면『정감록』도 피하면 안 됩니다. 이민수 역주의『정감록』(홍신문화사)이 읽어볼 만합니다.

풍수 인테리어에 관한 책도 여럿입니다. 읽어볼 만한 책은 별로 없습니다. 모두 여성지 생활정보나 팁의 모음 수준입니다.

주역

주역 관련 책으로는 황태연 교수의『실증 주역 상·하』(청계)가 가장 논리정연합니다. 괘사, 효사의 번역도 가장 수긍할 만합니다. 황 교수는 국내 '고수'의 번역을 전혀 신뢰하지 않습니다. 독일에서 정치철학을 전공한 학자답게 독일 등 서구의 주역 연구를 광범하게 활용합니다. 국내 유명 정치인의 운명을 두고 친 주역 점이 사례로 많이 등장해 읽는 맛이 있습니다.

역시 정치학 박사이면서 바둑의 고수인 문용직 선생의『주역의 발견』(부키)은 꼭 읽어볼 만한 책입니다. 주역이 어떻게 생성됐는지를 마치 물리학의 사고실험을 연상시키는 방법으로 추적해나갑니다. 결론적으로 주역을 탈(脫)신화화하는 책이지만, 바로 같은 맥락에서 주역의 실체가 무엇인지 확연하게 보여줍니다.

주역을 공부하는 이들에게 경전처럼 떠받쳐지는『대산 주역강의』

(김석진, 한길사)는 개인적으로 권해야 할지 망설여집니다. 고수의 책이긴 하나 괘사·효사의 풀이가 선뜻 이해 가지 않을 때가 많습니다.

한편, 대만 학자 남회근 선생의 주역 책이 몇 권 번역돼 있습니다. 그는 동양 고전에 두루 능한 사람입니다. 주역과 관련해서라면 『역경잡설』(부키), 『주역계사 강의』(부키) 등이 읽을 만합니다.